PAI RICO

O SEGREDO DOS RICOS

PAI RICO

O SEGREDO DOS RICOS

ROBERT T. KIYOSAKI

AUTOR DO BEST-SELLER
PAI RICO, PAI POBRE

ELSEVIER

CAMPUS

Do original: *Rich Dad's Conspiracy of the Rich*
Tradução autorizada do idioma inglês da edição publicada por Business Plus

Copidesque: Cláudia Amorim
Revisão: Edna Cavalcanti e Roberta Borges
Editoração Eletrônica: Estúdio Castellani

Elsevier Editora Ltda.
Conhecimento sem Fronteiras
Rua Sete de Setembro, 111 – 16º andar
20050-006 – Centro – Rio de Janeiro – RJ – Brasil

Rua Quintana, 753 – 8º andar
04569-011 – Brooklin – São Paulo – SP – Brasil

Serviço de Atendimento ao Cliente
0800-0265340
sac@elsevier.com.br

ISBN 978-85-352-3847-1
Edição original: ISBN 978-0-446-55980-5

CIP-Brasil. Catalogação-na-fonte
Sindicato Nacional dos Editores de Livros, RJ

K68s Kiyosaki, Robert T., 1947-
O segredo dos ricos : as oito novas regras do dinheiro / Robert T. Kiyosaki ; [tradução Eliana Bussinger]. – Rio de Janeiro : Elsevier, 2010.
il. (Pai rico)

Tradução de: Conspiracy of the rich
ISBN 978-85-352-3847-1

1. Finanças pessoais. 2. Investimentos. 3. Riquezas – Aspectos sociais. 4. Ricos I. Título. II. Série

10-0932. CDD: 332.024
CDU: 330.567.2

Agradecimentos

Meu Pai Rico sempre dizia: "Negócios e investimentos são esportes de equipe." O mesmo pode ser dito quando se escreve um livro – especialmente um livro como este que você tem em mãos. Fizemos história, fui levado para águas nunca antes navegadas com este livro escrito on-line e verdadeiramente interativo. Agradeço por ter uma equipe fantástica na qual posso realmente confiar. Todos participaram intensamente, muito além de minhas expectativas.

Antes de todos, agradeço à minha bela esposa, Kim, pelo encorajamento e apoio. Você tem estado comigo a cada passo de nossa jornada financeira, para o bem e para o mal. Você é minha parceira e minha razão para o sucesso.

Agradeço a Jake Johnson, da Elevate Consulting Company (elevatecompany.net), pela ajuda em moldar este livro e minhas ideias, e por torná-lo realidade. Também agradeço a meus editores Rick Wolff e Leah Tracosas, da Hachette, pelos esforços incansáveis.

Muito obrigado à perseverança dos membros da equipe da Rich Dad Company, que estão nas trincheiras todos os dias. Vocês são o coração de nossa organização.

Nota de Robert Kiyosaki: Por que escrevi este livro

Em 1971, sem a aprovação do Congresso dos Estados Unidos, o presidente Richard Nixon desatrelou o dólar americano do padrão ouro, mudando, assim, as regras do dinheiro – não apenas para si, mas para o mundo. Essa mudança permitiu que os Estados Unidos imprimissem quantias quase ilimitadas de moeda e criassem dívida a seu bel-prazer. Essa foi uma das causas, dentre outras, da crise financeira que começou em 2007.

A crise econômica dos Estados Unidos é apenas um acidente, um evento único? Alguns dizem que sim. Eu digo que não.

Será que as pessoas que estão no poder podem solucionar a atual crise econômica americana? Como a crise pode ser resolvida se as mesmas pessoas e organizações que a criaram – e lucraram com ela – permanecem no poder? A questão é que a crise está se tornando maior e não diminuindo, como muitos esperam. Nos anos 1980, o socorro do governo ficou na casa dos milhões de dólares. Nos anos 1990, os socorros financeiros prestados já remontavam a bilhões. Hoje, são trilhões de dólares.

Uma definição para crise que gosto de usar é "mudança esperneando para ocorrer". Pessoalmente, não acredito que os líderes mudarão. Isso significa, então, que quem tem que mudar somos nós.

Ainda que este livro seja sobre conspiração, a intenção não é a de uma caça às bruxas, de se apontar culpados ou exigir renúncia de cargos. Sabemos que o mundo está cheio de conspirações, algumas benignas, outras mais sinistras. Cada vez que uma equipe de futebol vai para o vestiário, no intervalo do jogo, esse ato é considerado tecnicamente uma conspiração contra o time adversário. Sempre que há interesse próprio, sempre há conspiração.

A razão para o título deste livro está no fato de ele tratar a maneira como os ricos controlam o mundo econômico por meio dos bancos, dos governos e dos mercados financeiros. Como você deve saber, isso vem acontecendo há séculos e continuará acontecendo enquanto o ser humano caminhar sobre a superfície da Terra.

O livro se divide em duas partes. A Parte I é sobre a conspiração e como os ultrarricos assumiram o controle do mundo financeiro e dos sistemas políticos utilizando-se da oferta de moeda. Muito da história financeira moderna gira em torno da relação entre o Fed (Federal Reserve Bank – o banco central americano) – que não é federal, não tem reservas nem é propriamente um banco – e o Tesouro americano. Alguns dos tópicos abordados na Parte I são: por que os grandes bancos nunca podem quebrar, por que não temos educação financeira nas escolas, por que poupar dinheiro é insensato, como o dinheiro evoluiu ao longo do tempo e por que o dinheiro hoje não é mais dinheiro, mas moeda corrente. A Parte I também explicará por que o Congresso dos Estados Unidos, em 1974, mudou as regras para os empregados e incentivou os trabalhadores a investirem no mercado acionário por meio de planos de previdência privada, apesar do fato de os trabalhadores terem pouca ou nenhuma educação financeira, como forma de acessar o dinheiro via plano de aposentadoria. Essa é uma das razões pelas quais não tenho um plano dessa natureza. Prefiro dar meu dinheiro para mim do que entregá-lo aos super-ricos que administram essa conspiração patrocinada pelo governo.

Resumindo, a Parte I é sobre história porque, ao compreender a história, podemos nos preparar e deslumbrar um futuro melhor.

A Parte II é sobre o que você e eu podemos fazer com nosso dinheiro – como derrotar os conspiradores em seu próprio jogo. Nessa parte você aprenderá a razão de os ricos ficarem cada vez mais ricos enquanto, ao mesmo tempo, nos pedem para gastar menos do que ganhamos. As velhas regras – trabalhar duro, poupar dinheiro, comprar uma casa, sair das dívidas e investir para o longo prazo em investimentos diversificados – são regras que mantêm as pessoas em dificuldades financeiras. Essas velhas regras do dinheiro causaram problemas financeiros para milhões de pessoas, fazendo-as perderem quantias fabulosas nas reservas para a aposentadoria e na desvalorização dos imóveis.

Por último, aborda quatro fatores que mantêm as pessoas pobres:

- Impostos
- Dívidas
- Inflação
- Aposentadoria

Essas são as forças que os conspiradores usam para tomar seu dinheiro. Por jogarem segundo um conjunto de regras diferentes, eles sabem como usar tais forças para aumentar as próprias riquezas – enquanto as mesmíssimas coisas empobrecem outras pessoas. Se você quer mudar sua vida financeira, precisa mudar suas regras financeiras, e você só conseguirá fazer isso se aumentar seu QI financeiro por meio de educação financeira. A educação financeira é a injusta vantagem dos ricos. Ter um Pai Rico que me ensinou sobre o dinheiro, e como ele funciona, me deu essa injusta vantagem. Meu Pai Rico me instruiu sobre impostos, dívidas, inflação e aposentadoria e como usá-los para minha vantagem. Aprendi ainda muito jovem como os ricos jogam o jogo do dinheiro.

Ao final da leitura você saberá por que hoje, quando tantas pessoas estão preocupadas com seus futuros financeiros, os ricos estão ficando ainda mais ricos. Mas, mais importante, você saberá o que fazer para se preparar e para proteger seu futuro financeiro. Ao aumentar sua educação financeira e mudar as regras do dinheiro, você poderá aprender como usar e como lucrar com as forças dos impostos, das dívidas, da inflação e da aposentadoria – e não ser vítima delas.

Muitas pessoas estão esperando pela mudança dos sistemas financeiros e políticos globais. Para mim, isso é perda de tempo. Em minha opinião, é muito mais fácil mudar a mim mesmo do que esperar que líderes e sistemas mudem.

É hora de você assumir o controle de seu dinheiro e de seu futuro financeiro? É hora de descobrir o que aqueles que controlam o mundo financeiro não querem que você saiba? Você quer que conceitos financeiros complexos e confusos se tornem simples? Se você respondeu sim a essas questões, então este livro é para você.

Em 1971, após o presidente Nixon desatrelar o dólar do padrão ouro, as regras do dinheiro mudaram e, hoje, o dinheiro não é mais dinheiro. É por isso que a primeira nova regra do dinheiro é *conhecimento é a nova moeda.*

Escrevi este livro para aqueles que querem aumentar seu conhecimento financeiro porque agora é a hora de assumir o controle de seu dinheiro e de seu futuro financeiro.

Downloads de bônus (em inglês) oferecidos
pela The Rich Dad Company
Assista a vídeos exclusivos de Robert Kiyosaki em
www.richdad.com/conspiracy-of-the-rich

O Autor

Robert T. Kiyosaki
Investidor, Empreendedor, Educador

Robert T. Kiyosaki é conhecido principalmente por ser o autor de *Pai Rico Pai Pobre* – best-seller número 1 de finanças pessoais de todos os tempos –, que desafiou e mudou a forma como dezenas de milhões de pessoas se relacionam com o dinheiro. Quatro dos títulos da série Pai Rico se mantiveram na lista dos 10 mais vendidos da Nielsen Bookscan, de 2001 a 2008. Robert participa regularmente de *talkshows* como "Larry King Live", "Oprah" e outros incontáveis programas de entrevistas e publicações.

Com perspectivas próprias sobre dinheiro e investimentos que, com frequência, contradizem a sabedoria convencional, Robert ganhou reputação pela forma direta, irreverente e corajosa como aborda essas questões. Seu ponto de vista de que o "antigo" conselho – arrume um bom emprego, economize, mantenha-se longe das dívidas, invista para o longo prazo e diversifique – é "ruim" (obsoleto e falho) desafia o *status quo*. Sua afirmação "sua casa não é um ativo" provocou polêmicas, mas provou ser correta para muitos proprietários quando da explosão da bolha imobiliária.

Pai Rico Pai Pobre figura nas quatro listas do Publishers Weekly – *The New York Times, Business Week, The Wall Street Journal* e *USA Today* – como o best-seller de maior permanência e foi apontado pelo *USA Today* como o mais importante livro sobre dinheiro, por dois anos seguidos.

Traduzida para 51 idiomas e disponível em 109 países, a série Pai Rico vendeu mais de 28 milhões de exemplares em todo o mundo e dominou as listas dos mais vendidos na Ásia, na Austrália, na América do Sul, no México e na Europa. Em 2005, Robert passou a fazer parte do Hall of Fame da Amazon.com como um de seus 25 autores best-sellers. Atualmente, a série conta com 27 títulos.

Em 2006, Robert se uniu a Donald Trump na coautoria do livro *Nós queremos que você fique rico*, que conquistou a primeira posição dos mais vendidos da lista do *The New York Times.*

Robert escreve uma coluna quinzenal, "Why the Rich are Getting Richer", para a Yahoo!Finance e a coluna mensal, "Rich Returns", para a revista *Entrepeneur.*

Os livros mais recentes de Robert incluem *Pai Rico – Irmão Rico, Irmã Rica,* uma biografia em coautoria com sua irmã Emi Kiyosaki, e *Pai Rico: Os segredos dos ricos.*

Sumário

PARTE I

A CONSPIRAÇÃO

A raiz de todos os males

Será o amor ao dinheiro ou a falta de educação sobre o dinheiro a raiz de todos os males?

O que você aprendeu sobre dinheiro na escola? Você alguma vez já pensou por que o sistema escolar não nos ensina muito – se é que ensina – sobre dinheiro? Será que a falta de educação financeira nas escolas é descuido de nossos líderes educacionais? Ou é parte de uma conspiração maior?

Independentemente de sermos ricos ou pobres, cultos ou incultos, aposentados ou trabalhadores, todos nós usamos o dinheiro. Gostemos ou não, o dinheiro tem um tremendo impacto sobre a vida, hoje. Omitir o assunto dinheiro do sistema educacional é cruel e criminoso.

Comentários

Se não acordarmos e assumirmos responsabilidade por nossa própria educação em assuntos financeiros, e ensinarmos isso a nossas crianças, caminharemos para um desastre de dimensões catastróficas.

Kathryn Morgan

Frequentei a escola em dois estados diferentes, na Flórida e em Oklahoma. Em nenhum dos dois recebi educação financeira. Mas fui forçado a aprender carpintaria.

Wayne Porter

Mudando as regras do dinheiro

Em 1971, o presidente Nixon mudou as regras do dinheiro. Ele tomou essa decisão unilateral durante uma discreta reunião de dois dias na Ilha Minot, no estado do Maine, sem consultar o Departamento de Estado ou o Sistema Monetário Internacional.

O presidente Nixon mudou as regras porque os países estrangeiros, que recebiam em dólares, ficaram descrentes do Tesouro dos Estados Unidos – que estava imprimindo mais e mais dinheiro para cobrir as dívidas do país – e começaram a trocar seus dólares por ouro, consumindo a maior parte das reservas americanas. O cofre estava esvaziando porque o governo americano estava importando mais do que exportando e havia também os altos custos da guerra do Vietnã. Os Estados Unidos também estavam importando grande quantidade de petróleo para atender ao crescimento da economia.

Em termos simples, a América estava indo à bancarrota, gastando mais do que ganhava. Os Estados Unidos não poderiam pagar suas contas – e tinham de pagá-las em ouro. Ao liberar o dólar do ouro e tornar ilegal a troca direta de dólar por ouro, Nixon criou uma maneira de os Estados Unidos *imprimirem* uma saída para a dívida.

Em 1971, as regras do dinheiro mudaram, dando início ao maior *boom* econômico da história do mundo. O *boom* continuou enquanto o mundo aceitava o dinheiro artificialmente inflado, lastreado unicamente na promessa dos contribuintes americanos de pagar as dívidas dos Estados Unidos.

Graças às mudanças das regras de Nixon, a inflação disparou. Quanto mais dinheiro era impresso, mais o dólar se desvalorizava e os preços das mercadorias e dos ativos subiam. Até mesmo a classe média americana se tornou milionária, visto que os preços dos imóveis não paravam de subir. As pessoas recebiam cartões de crédito pelo correio. O dinheiro fluía livremente. Para pagar seus cartões de crédito, as pessoas utilizaram seus imóveis como caixas automáticos de bancos (ATM), refinanciando suas dívidas. Afinal de contas, os imóveis sempre se valorizam, não é?

Cegos pela ganância e pelo crédito fácil, entretanto, muitas pessoas não viram ou ignoraram os alarmantes sinais de calamidade que tal sistema havia criado.

Em 2007, um novo termo passou a fazer parte do vocabulário das pessoas: emprestador *subprime* – uma pessoa que toma dinheiro emprestado para comprar uma casa sem condições para isso. A princípio, as pessoas achavam que isso estava limitado aos mais pobres, indivíduos financeiramente insensatos que sonhavam possuir um imóvel próprio. Ou pensavam que estava limitado aos especuladores que estavam tentando fazer dinheiro rápido. Até mesmo o candidato republicano à presidência, John McCain, não levou a crise a sério até o final de 2008, tentando assegurar a todos que os fundamentos da economia americana estavam sólidos.

Na mesma época, outra palavra se juntou a nosso vocabulário: *bailout* – salvar os maiores bancos do mundo dos mesmos problemas que enfrentavam os emprestadores *subprime:* dívida demais e dinheiro de menos. Quando a crise se espalhou, milhões de pessoas perderam seus empregos, suas casas, suas poupanças, o dinheiro guardado para a universidade e o dos fundos de aposentadoria. Aqueles que até agora não perderam nada estão com medo de que venham a ser os próximos.

Quando 2009 começou, o mundo enxergou o novo presidente eleito, Barack Obama, como uma tábua de salvação.

A roubalheira

Li, em 1983, o livro de R. Buckminster Fuller intitulado *The Grunch of Giants.* A palavra *Grunch* é um acrônimo de **Gr**oss **Un**iverse **C**ash **H**eist, algo como A flagrante roubalheira do dinheiro universal pelas corporações. É um livro sobre os super-ricos e os ultrapoderosos e como estes vêm roubando e explorando as pessoas há séculos. É um livro sobre a conspiração dos ricos.

Grunch of Giants fala de reis e rainhas de milhares de anos atrás até os tempos modernos. Explica como os ricos e poderosos sempre dominaram as massas. Também explica que os ladrões de banco modernos não usam máscaras. Em vez disso, eles usam ternos e gravatas, possuem diploma universitário e roubam os bancos de dentro e não de fora. Após ter lido *Grunch of Giants*, tantos anos atrás, pude ver a recente crise financeira vindo – eu só não sabia exatamente quando ela chegaria. Uma razão para que meus investimentos e negócios estejam bem, apesar da crise econômica, é eu ter lido *Grunch of Giants.* Esse livro me deu tempo para me preparar para esta crise.

Livros sobre conspiração são muitas vezes escritos por pessoas marginalizadas. O Dr. R. Buckminster, ainda que além de seu tempo em termos de pensamento, era tudo menos marginalizado. Embora não seja graduado pela Harvard University, estudou nessa universidade e saiu-se muito bem (como, aliás, outro famoso desistente, Bill Gates). Segundo o American Institute of Architects, Fuller é um dos maiores arquitetos e designers do país. Ele é considerado um dos americanos mais bem-sucedidos e possui substancial número de patentes em seu nome. Era um ambientalista antes que a maioria das pessoas soubesse o significado dessa palavra, mas o mais importante é ser respeitado pelo uso de seus talentos para trabalhar por um mundo que beneficiasse todas as pessoas... não ele mesmo ou os ricos e os poderosos.

Li vários livros de Fuller antes desse. O problema para mim é que a maior parte é sobre matemática e ciência – livros muito além da minha compreensão. *Grunch of Giants* eu entendi.

A leitura de *Grunch of Giants* confirmou muitas de minhas suspeitas em relação ao modo como o mundo funciona. Passei a compreender por que não ensinamos educação financeira para as crianças nas escolas. Também soube por que fui enviado ao Vietnã para lutar uma guerra que não deveríamos ter lutado. Em termos simples, a guerra é lucrativa. A guerra é sobre ganância, não patriotismo. Após nove anos nas Forças Armadas, quatro em uma academia militar e cinco como piloto da Marinha que serviu no Vietnã por duas vezes, eu concordava plenamente com Fuller. Entendi, por experiência própria, por que ele se referia à CIA como o Exército Invisível do Capitalismo.

A melhor coisa sobre *Grunch of Giants* foi ter despertado o estudante que existia em mim. Pela primeira vez na vida, eu queria estudar o assunto sobre como os ricos e poderosos exploram o restante de nós – legalmente. Desde 1983, estudei e li mais de 50 livros sobre esse assunto. Em cada um encontrei uma ou duas peças do quebra-cabeça. O livro que você está lendo agora colocará essas peças juntas para dar forma a esse quebra-cabeça.

Existe uma conspiração?

Teorias da conspiração existem aos montes. Todos já ouvimos falar sobre elas. Há teorias da conspiração sobre quem matou os presidentes Lincoln e Kennedy, e sobre quem matou Martin Luther King. Há também teorias da conspiração sobre o atentado de 11 de Setembro de 2001. Essas teorias jamais se extinguirão. Teorias são teorias. Elas são baseadas em suspeitas e questões não respondidas.

Não estou escrevendo este livro para lhe vender outra teoria da conspiração. Minhas pesquisas me convenceram de que tem havido muitas conspirações dos ricos, no passado e no presente, e haverá muitas outras no futuro.

Quando dinheiro e poder estão em jogo, sempre haverá conspiração. Dinheiro e poder sempre farão as pessoas cometerem atos de corrupção. Em 2008, por exemplo, Bernard Madoff foi acusado de criar um esquema de pirâmide para fraudar não apenas clientes ricos, mas também escolas, igrejas e fundos de pensão. Ele havia sido presidente da NASDAQ, um cargo de prestígio; não precisava de mais dinheiro. Ainda assim, ele supostamente roubou, durante anos, pessoas inteligentes e organizações valiosas que dependiam de sua competência nos mercados financeiros.

Outro exemplo de corrupção de dinheiro e poder é gastar $500 milhões para ser eleito presidente dos Estados Unidos, um emprego que paga $400 mil por ano. Gastar dinheiro dessa forma não é saudável para um país.

Então houve conspiração? Acredito que sim, de certa forma. Mas a questão é: E daí? O quê você e eu faremos? Muitas das pessoas que provocaram esta crise desapareceram, mas seus empregos sobreviveram. Discutir com os mortos seria mais do que inútil.

Independentemente de ter ou não ocorrido uma conspiração, há circunstâncias e eventos que impactam a vida de maneira profunda e invisível. Observemos a educação financeira, por exemplo.

Cada vez que um educador leva um bancário ou um planejador financeiro para a sala de aula, supostamente em nome da educação financeira, ele está, na verdade, permitindo que a raposa entre no galinheiro. Não estou dizendo que os bancários e planejadores financeiros sejam pessoas ruins. Tudo que estou dizendo é que eles são agentes dos ricos e dos poderosos. Seu trabalho não é educar, mas recrutar clientes futuros. É por isso que eles pregam a doutrina de poupar e aplicar em fundos de investimento. Isso ajuda o banco, não a você. Reitero: isso não é ruim. É bom negócio para o banco, o que não é diferente dos recrutadores do Exército e da Marinha virem ao *campus,* quando eu era estudante do nível médio, para venderem aos estudantes a glória de servir ao país.

Uma das causas dessa crise financeira é que a maioria das pessoas não sabe distinguir um bom conselho financeiro de um ruim. A maioria das pessoas não sabe a diferença entre um bom administrador e um vigarista. A maioria delas não sabe a diferença entre um bom e um mau investimento. A maioria das pessoas vai para a escola para conseguir um bom emprego, trabalhar arduamente, pagar impostos, comprar uma casa, poupar dinheiro e entregar o dinheiro extra para algum administrador financeiro – ou algum especialista, como Bernie Madoff.

A maioria das pessoas sai da escola sem saber até mesmo a diferença básica entre ações e títulos, entre dívida e patrimônio. Poucas sabem a diferença entre os fundos de investimento. Muitas pensam que o endividamento é ruim, mesmo sendo este capaz de enriquecê-las. Uma dívida pode aumentar seu retorno sobre os investimentos, mas apenas se você souber o que está fazendo. Apenas umas poucas pessoas sabem a diferença entre *ganhos de capital* e *fluxo de caixa* e qual é menos arriscado. A maioria das pessoas aceita cegamente a ideia de ir para a faculdade para conseguir um bom emprego e nunca fica sabendo a razão de os *empregados* pagarem mais impostos do que o *empresário,* que é dono do negócio. Muitas pessoas estão com problemas hoje porque acreditaram que suas casas eram um *ativo*, quando, na verdade, eram um *passivo.* Esses são conceitos básicos e simples de finanças. Ainda assim, as escolas convenientemente omitem um assunto que é requerido para uma vida bem-sucedida – o dinheiro.

Sem uma educação financeira básica, segurança financeira de longo prazo é praticamente impossível. Milhões de pessoas no mundo inteiro – só nos Estados Unidos são 10 mil por dia – se aposentam esperando que o governo lhes dê assistências financeira e médica. Hoje, muitas pessoas já estão aprendendo que *segurança no trabalho* não assegura *segurança financeira* de longo prazo.

Em 1913, o Federal Reserve (Fed – o banco central dos Estados Unidos) foi criado apesar de os criadores da Constituição dos Estados Unidos* terem sido contra um banco nacional que controlasse o suprimento de dinheiro. Sem educação financeira apropriada, poucas pessoas sabem que o Federal Reserve, não é federal, não tem reservas e não é um banco. Assim que o Fed foi criado, passaram a existir dois conjuntos de regras no tocante a dinheiro: um conjunto de regras para quem *trabalha por dinheiro* e outro conjunto de regras para os ricos, que *imprimem seu dinheiro.*

Em 1971, quando o padrão ouro teve fim, a conspiração dos ricos estava completa. Em 1974, o Congresso americano passou uma lei denominada ERISA (Employee Retirement Income Security Act), que conduziu à criação de instrumentos financeiros do tipo previdência privada. Essa lei efetivamente forçou milhões de trabalhadores, que até então desfrutavam de benefícios definidos (BD), a confiar em contribuições definidas, colo-

***Nota da Tradutora*: O autor se refere aos "Founding Fathers" – George Washington, James Madison, Thomas Jefferson, John Adams, Benjamin Franklin e Alexander Hamilton –, que desenharam um sistema em que o poder federal exercia influência mínima perante os estados.

cando seu dinheiro no mercado acionário e em fundos de investimentos. O mercado financeiro agora controla o dinheiro da aposentadoria das pessoas. As regras do dinheiro mudaram completamente, pendendo pesadamente a favor dos ricos e poderosos. O maior *boom* da história financeira do mundo havia começado, vindo a explodir recentemente.

O que podemos fazer?

A conspiração dos ricos criou dois grupos de regras no tocante a dinheiro, velhas e novas regras do dinheiro. Um grupo de regras é para os ricos, o outro é para as pessoas comuns. As pessoas que mais estão preocupadas com a crise financeira são aquelas que estão jogando segundo as velhas regras. Se você está se sentindo inseguro a respeito de seu futuro, você precisa saber sobre as novas regras – as oito novas regras do dinheiro. Este livro ensinará a você as novas regras e como usá-las a seu favor.

A seguir estão dois exemplos de regras velhas do dinheiro *versus* novas regras.

ANTIGA REGRA: POUPE DINHEIRO

Depois de 1971, sem estar atrelado ao ouro, o dinheiro deixou de ser dinheiro e passou a ser moeda corrente (algo sobre o qual falei em *Pai Rico: Desenvolva sua inteligência financeira*). Como consequência, os poupadores se tornam perdedores. Foi permitido ao governo imprimir dinheiro mais rápido do que se podia poupar. Quando um banqueiro entusiasticamente elogia o poder dos *juros compostos,* ele falha ao não falar sobre o poder da *inflação composta* – ou, na crise atual, o poder da *deflação composta.* Inflação e deflação são provocadas pelos governos e pelos bancos na tentativa de controlar a economia, ao imprimir e emprestar dinheiro criado do nada – isto é, sem que nada lastreie o valor do dinheiro além da "fé e do crédito do governo".

Durante anos, pessoas ao redor do globo acreditaram que os títulos do governo americano fossem o investimento mais seguro do mundo. Durante anos, poupadores diligentemente compraram esses títulos, acreditando ser a coisa mais inteligente a ser feita. No início de 2009, um título do Tesouro dos Estados Unidos, de 39 anos, estava pagando menos de 3% de juros ao ano. Para mim, isso significa que há muito dinheiro questionável no mundo, que poupadores serão perdedores e que os títulos americanos poderão vir a ser o investimento mais arriscado de todos.

NOVA REGRA: GASTE, NÃO POUPE

Hoje, muitas pessoas despendem muito tempo ao aprender como ganhar dinheiro. Elas vão para a faculdade visando conseguir um emprego bem pago, onde passam anos trabalhando para ganhar dinheiro. Depois, fazem o melhor que podem para poupá-lo. Nas novas regras, é mais importante que você saiba como *gastar seu dinheiro,* não apenas como ganhar ou poupar. Em outras palavras, as pessoas que gastam dinheiro com sabedoria sempre serão mais prósperas.

Naturalmente, por gastar quero dizer *investir* ou converter o dinheiro em valor duradouro. Os ricos sabem que, na economia de hoje, não se enriquece com dinheiro embaixo do colchão – ou, pior ainda, em um banco. Eles sabem que o segredo para o enriquecimento reside em investir em ativos que produzam fluxo de renda. Hoje, você precisa aprender como gastar seu dinheiro em ativos que retenham valor, produzam renda, se ajustem à inflação e cresçam em valor. Trataremos mais desse assunto mais adiante.

ANTIGA REGRA: DIVERSIFIQUE

A velha regra da diversificação diz que você deve comprar determinado número de ativos de renda variável (ações, por exemplo) e renda fixa (fundos e títulos). A diversificação, no entanto, não protegeu recentemente os investidores das enormes perdas das bolsas de valores e dos fundos de investimento. Acho estranho que os chamados "gurus dos investimentos", pessoas que vivem elogiando a diversificação, tenham gritado: "Venda, venda, venda!" quando o mercado caiu. Se a diversificação protege você, por que vender tudo de repente, quando o mercado quase atingiu o fundo do poço?

Como diz Warren Buffett: "Diversificação ampla é coisa de investidor que não entende o que está fazendo." A diversificação é, no máximo, um jogo de soma zero. Se você estiver diversificado de maneira equilibrada quando uma classe de ativos sobe, a outra cai. Você perde dinheiro em um lugar e faz em outro, mas não ganha em lugar algum. Fica estático. Enquanto isso, a inflação não perde terreno.

Em vez de diversificar, investidores inteligentes se concentram e se especializam. Eles buscam saber mais do que qualquer outra pessoa sobre a categoria em que investem e como tal negócio funciona. Por exemplo, quando investem no mercado imobiliário, alguns se especializam em terrenos, outros em apartamentos. Ainda que sejam investimentos imobiliários, ambos tratam de categorias totalmente diferentes de negócios. Quando invisto em ações, procuro negócios que paguem dividendos consistentemente (ou seja, permitam fluxo de caixa). Hoje, por exemplo, estou investindo em negócios que operem oleodutos de petróleo. Após o *crash* do mercado de ações de 2008, os preços das ações dessas empresas caíram, criando verdadeiras barganhas em se tratando de renda de dividendos. Em outras palavras, mercados ruins criam grandes oportunidades se você souber em que está investindo.

Investidores inteligentes que possuem negócios que se ajustam ao sobe e desce da economia ou investem em ativos que gerem renda estão muito melhor do que se possuíssem uma carteira diversificada de ações, fundos e títulos – investimentos que caem quando há quedas no mercado.

NOVA REGRA: CONCENTRE-SE E CONTROLE SEU DINHEIRO

Não diversifique. Assuma o controle de seu dinheiro e faça investimentos focados. Durante a recente crise financeira, tive alguns baques, mas minha riqueza permaneceu intacta. Isso porque esta não é dependente das oscilações do mercado (conhecidas como *ganhos de capital*). Invisto quase que exclusivamente por fluxo de caixa.

Meu fluxo de caixa decresceu um pouco quando o preço do petróleo caiu, mas minha riqueza continua sólida porque ainda recebo um depósito em minha conta todo trimestre. Ainda que o preço das ações de petróleo, *ganhos de capital*, caia, não estou preocupado porque recebo fluxo de caixa por meus investimentos. Não preciso me preocupar em vender minhas ações para a realização de lucros.

O mesmo é verdade para a maioria de meus investimentos em imóveis. Invisto no mercado imobiliário em busca de fluxo de caixa, significando que todos os meses recebo renda passiva. As pessoas que se deram mal no mercado imobiliário, especialmente nos Estados Unidos, foram os investidores que investiram por *ganhos de capital*, conhecidos por *flippers*, que são especuladores que compram algo para vender o mais rápido possível com lucro. Em outras palavras, como a maioria das pessoas investiu por *ganhos de capital*, esperando que os preços de suas casas ou de suas ações subissem, hoje elas estão enfrentando problemas.

Quando eu era garoto, meu Pai Rico jogava incansavelmente, comigo e com seu filho, o jogo Banco Imobiliário. Com esse jogo aprendi a diferença entre *ganho de capital* e *fluxo de caixa*. Por exemplo, se eu tivesse uma propriedade com uma casinha verde, eu receberia $10 de aluguel por mês. Se eu tivesse três casas no mesmo terreno, eu receberia $50 de aluguel mensal. O objetivo final era ter um hotel vermelho na mesma propriedade. Para ganhar no Banco Imobiliário, você tem que investir por fluxo de caixa – não por ganhos de capital. Saber a diferença entre renda e ganho de capital com apenas 9 anos foi das mais importantes lições que o meu Pai Rico me ensinou. Em outras palavras, educação financeira pode ser tão simples quanto um jogo de tabuleiro e pode proporcionar segurança financeira por gerações – mesmo durante crises financeiras.

Hoje não tenho *segurança no trabalho* porque tenho segurança financeira. A diferença entre *segurança financeira* e *pânico financeiro* pode ser tão simples quanto saber a diferença entre ganhos de capital e fluxo de caixa. O problema é que investir por um fluxo de renda requer grau maior de inteligência financeira do que por ganhos de capital. É mais fácil investir por fluxo de caixa durante crises financeiras. Assim, não desperdice uma boa crise ao esconder a cabeça na areia! Quanto mais grave for uma crise, mais determinadas pessoas enriquecerão. Quero que você seja uma delas.

Hoje, uma das novas regras é *dar foco ao dinheiro,* em vez de *diversificar.* É mais vantajoso focar *fluxo de caixa* do que valorização (*ganhos de capital*) porque quanto mais você sabe controlar o seu fluxo de caixa, mais *aumentam os ganhos de capital* e a segurança financeira. Você pode ficar rico. Isso é educação financeira básica, ensinada no Banco Imobiliário (Monopoly) e em meu jogo educacional, CASHFLOW, que tem sido chamado de Monopoly on steroids (Banco Imobiliário com esteroides).

Essas novas regras, *aprender a gastar em vez de poupar* e *focar em vez de diversificar,* representam alguns dos conceitos sobre os quais o livro tratará. Quero abrir seus olhos para o poder que você terá para controlar seu futuro financeiro se tiver educação financeira apropriada.

Minha promessa

Após as mudanças efetuadas, em 1971, o assunto dinheiro tornou-se muito confuso, não fazendo sentido para a maioria das pessoas honestas. Na verdade, quanto mais honesto e trabalhador você é, menos sentido fazem as novas regras, as quais permitem, por exemplo, que os ricos imprimam seu próprio dinheiro. Se você fizesse isso, seria mandado para a cadeia por falsificação. Mas, aqui, descreverei como imprimo meu próprio dinheiro – legalmente. Emitir seu próprio dinheiro é um dos maiores segredos daqueles que são verdadeiramente ricos.

Minha promessa a você é que farei o melhor possível para manter as promessas tão simples quanto possível. Usarei a linguagem do dia a dia para explicar jargões financeiros complexos. Por exemplo, uma das razões para essa crise foi o uso de um instrumento financeiro denominado *derivativo.* Warren Buffett disse certa vez que "os derivativos são armas de destruição em massa", e sua descrição provou ser verdadeira. Os derivativos derrubaram os maiores bancos do mundo.

O problema é que pouquíssimas pessoas sabem o que são derivativos. Para manter as coisas verdadeiramente simples, usarei o exemplo de uma laranja e do suco de laranja. Suco de laranja é um derivativo da laranja – assim como gasolina é um derivativo do petróleo, um ovo é um derivativo da galinha etc. É simples assim. Se você compra uma casa, um financiamento imobiliário é um derivativo *seu* e da *casa* que você compra.

Uma das razões da crise é que os banqueiros de todo o mundo começaram a criar derivativos de derivativos de derivativos. Alguns tinham nomes sofisticados como *obrigações de dívidas colateralizadas* ou *títulos corporativos de alto risco.* Lembre-se: um dos objetivos da indústria financeira é manter as pessoas confusas.

Derivativos multicategorizados estão no limite da mais alta fraude legal. Não é nada diferente de alguém usar um cartão de crédito para pagar outro cartão de crédito e usar o crédito de novo e, então, fazer um empréstimo para pagar o cartão de crédito e esgotar novamente o crédito do cartão. Por isso, Buffett chamou os derivativos de armas de destruição em massa. Derivativos multicategorizados estão destruindo o sistema bancário mundial, assim como os cartões de crédito e os empréstimos imobiliários estão destruindo muitas famílias. Cartões de crédito, dinheiro, obrigações de dívidas, empréstimo imobiliário – tudo é derivativo com outro nome.

Em 2007, quando a *casa dos derivativos* começou a ruir, as pessoas mais ricas do mundo começaram a gritar: "Salvem-nos das dificuldades financeiras! *Bailout*!" Outra palavra que passamos a ouvir com frequência, "*bailout*", é usada quando o rico quer que o contribuinte pague por seus erros ou por suas fraudes. Minha pesquisa revelou que um *bailout* é parte integrante da conspiração dos ricos.

Uma das razões pelas quais acredito que *Pai Rico Pai Pobre* seja o maior best-seller de finanças pessoais de todos os tempos é eu ter mantido o jargão financeiro simples. Farei o possível para que o mesmo aconteça neste livro.

Um homem sábio disse, certa vez, "Simples é melhor". Para manter a simplicidade das coisas não entrarei em detalhes excessivos ou explanações complexas. Usarei histórias reais em vez de explicações técnicas em minhas considerações.

A simplicidade é importante porque muitas pessoas lucram com o assunto dinheiro ao mantê-lo complexo e confuso. É mais fácil pegar seu dinheiro quando você está confuso.

Então, pergunto de novo: "É o amor ao dinheiro a raiz de todos os males?" Digo que não. Digo que é muito mais danoso manter as pessoas no escuro, sem conhecimento do assunto. O mal ocorre quando as pessoas desconhecem como o dinheiro funciona, e a ignorância financeira é componente essencial da conspiração dos ricos.

Comentário

Robert – eu diria que sim, que o amor ao dinheiro é a raiz de todos os males pela mesma razão que você diz que não. A maldade em manter as pessoas na ignorância é apenas um "derivativo" do amor nocivo ao dinheiro.

Istarcher

Capítulo 1

Obama poderá salvar o mundo?

A linha do tempo da crise

Em agosto de 2007, o pânico se espalhou silenciosamente ao redor do mundo. O sistema financeiro estava entrando em colapso. Isso colocou em ação um efeito dominó que ameaça até hoje a economia mundial. Apesar da ajuda maciça dos governos do mundo inteiro e dos pacotes de estímulo estimados em torno de $7 trilhões e $9 trilhões, algumas das maiores instituições do planeta – como o Citigroup e a General Motors – continuam mal das pernas. A sobrevivência de longo prazo dessas empresas ainda é questionável.

A crise ameaça não apena as maiores corporações e os grandes conglomerados financeiros multinacionais, mas também a segurança das famílias dos trabalhadores. Hoje, milhões de pessoas que pensavam estar fazendo a coisa certa ao seguir a sabedoria tradicional de ir para boas universidades, conseguir um trabalho, comprar uma casa, poupar dinheiro, ficar livre de dívidas e investir de maneira diversificada estão enfrentando problemas financeiros.

Ao conversar com várias pessoas nos Estados Unidos, descobri que elas estão preocupadas e assustadas e um bom número delas está sofrendo com a perda de seus empregos, de suas casas, das reservas para a universidade dos filhos e para a aposentadoria. Muitas não compreendem o que está acontecendo com a economia ou como isso ainda irá afetá-las. Muitas se perguntam o que causou a crise: "Há alguém a culpar? Quem pode resolver o problema? Quando tudo isso irá acabar?" Diante disso, creio ser importante despender um momento para rever os eventos que conduziram a essa crise. Segue-se, sem pretensão de ser completa, uma breve linha do tempo destacando alguns dos maiores eventos econômicos globais que nos levaram ao atual estado financeiro precário.

6 de agosto de 2007

A American Home Mortgage, uma das maiores empresas do setor de crédito imobiliário e hipotecário dos Estados Unidos, pediu concordata.

9 de agosto de 2007

O banco francês BNP Paribas, devido aos problemas dos empréstimos de baixa qualidade dos Estados Unidos (*subprime*), anunciou que não mais poderia avaliar com precisão ativos de mais €1,6 bilhão, suspendendo as negociações de alguns fundos.

Com o travamento do mercado de crédito, o Banco Central Europeu injetou quase €95 bilhões no sistema bancário da zona do euro, em um esforço para estimular o crédito e manter a liquidez.

10 de agosto de 2007

Um dia depois, o Banco Central Europeu injetou outros €61 bilhões no mercado global de capitais.

13 de agosto de 2007

O Banco Central Europeu liberou outra parcela de €47,6 bilhões, a terceira infusão, totalizando quase €204 bilhões em um lapso de apenas três dias úteis.

Setembro de 2007

O Northern Rock, o maior banco de hipotecas na Grã-Bretanha, experimentou a síndrome dos correntistas desesperados que fazem filas para sacar dinheiro, conhecida como *corrida aos bancos*. Foi a primeira vez que isso aconteceu em mais de cem anos.

A CAMPANHA PRESIDENCIAL NOS ESTADOS UNIDOS PEGA FOGO

Enquanto a crise financeira se espalhava pelo mundo em 2007, a campanha presidencial americana – que acabaria sendo a mais longa e cara da história – pegava fogo.

No início da campanha, mesmo havendo claros sinais de que a economia do mundo estava à beira de um colapso, os principais candidatos presidenciais raramente mencionaram ser a economia um problema. Ao contrário, os tópicos mais ardentes eram a guerra do Iraque, o casamento de gays, o aborto e a imigração. Quando os candidatos discutiam a economia, falavam desdenhosamente. (Isso nunca ficou mais aparente do que quando o candidato presidencial John McCain disse: "Os fundamentos da economia americana estão fortes", no mesmo dia em que o índice da Bolsa de Nova York, o Dow Jones, passaria por uma queda recorde de 504 pontos.)

Diante de toda evidência de uma monstruosa crise financeira se avolumando, onde estava o presidente americano? Onde estavam os principais candidatos e os líderes financeiros? Por que os queridinhos da mídia financeira não estavam alertando os investidores para saírem fora? Por que os especialistas ainda encorajavam as pessoas a investirem para o longo prazo? Por que os líderes políticos e financeiros não soaram o alarme para essa tempestade financeira? Para parodiar a canção famosa, eles estavam "cegos pela luz". Superficialmente, tudo parecia bem, como evidenciado pelo próximo evento em nossa linha do tempo...

9 de outubro de 2007
O Dow Jones fecha a uma alta histórica de 14.164.

UM ANO DEPOIS

Setembro de 2008
O presidente Bush e o Tesouro americano pedem $700 bilhões para salvar a economia, um ano depois de o Banco Central Europeu já ter injetado $204 bilhões na economia – em agosto de 2007 – e quase um ano depois de o índice da Bolsa de Nova York, o Dow Jones, ter atingido o pico de todos os tempos.

Derivativos financeiros tóxicos resultaram no colapso do Bear Stearns e do Lehman Brothers e na nacionalização dos bancos Fannie Mae, Freddie Mac e de uma das maiores seguradoras do mundo, AIG.

Adicionalmente, a indústria automobilística americana revelou que também estava mal das pernas e a GM, a Ford e a Chrysler pediram socorro financeiro – ou *bailout.* Muitos estados e governos municipais também pediram socorro financeiro.

29 de setembro de 2008
Em uma segunda-feira negra, após o presidente Bush pedir assistência financeira, o índice Dow caiu 777 pontos. Foi a maior queda em um único dia da história, e o Dow fechou a 10.365.

1º de outubro de 2008 a 20 de outubro de 2008

Em um dos piores momentos jamais registrados, o Dow caiu 2.380 pontos em pouco mais de uma semana.

13 de outubro de 2008

O índice Dow Jones exibe volatilidade extrema, subindo 936 pontos em um dia, o melhor ganho da história, fechando a 9.387.

15 de outubro de 2008

O índice Dow Jones despenca 733 pontos, fechando a 8.577.

28 de outubro de 2008

O Dow recupera 889 pontos, o segundo maior ganho na história, fechando a 9.065.

4 de novembro de 2008

Barack Obama é eleito presidente dos Estados Unidos com o slogan de campanha "Mudança na qual podemos acreditar". Ele assumiria um governo que até aquele momento já havia comprometido $7,8 trilhões, de maneiras variadas, para salvar a economia.

Dezembro de 2008

Foi anunciado que os americanos haviam perdido 584 mil empregos em novembro, a maior perda desde dezembro de 1974. Dois milhões de empregos perdidos apenas em 2008, com uma taxa de desemprego de 6,7, a maior em 15 anos. Além disso, foi anunciado que a China, a economia de maior crescimento do mundo, havia perdido 6,7 milhões de empregos em 2008, uma indicação de que a economia global estava em situação grave de risco e à beira do caos.

Os economistas finalmente admitiram que a economia americana estava em recessão desde dezembro de 2007. Um ano depois, os economistas finalmente compreenderam o que estava acontecendo?

Warren Buffett, considerado por muitos o investidor mais inteligente do mundo, viu sua empresa, a Berkshire Hathaway, perder 33% de seu valor de mercado em um ano. Os investidores se consolaram com o fato de que o fundo havia superado em muito o mercado – ao perder menos do que a média. Isso é confortante.

As universidades de Yale e Harvard anunciaram que seus fundos de doação perderam mais de 20% em um ano.

A GM e a Chrysler receberam $17,4 bilhões em empréstimos governamentais.

O presidente eleito Obama anunciou um pacote de estímulo de $800 bilhões centrado em projetos gigantescos de infraestrutura para suavizar o recorde americano de perdas de emprego – isso ocorreu adicionalmente aos $7,8 trilhões já comprometidos pelo governo anterior.

31 de dezembro de 2008

O índice Dow fecha a 8.776, ou seja, 5.388 pontos abaixo do recorde conquistado um ano antes. Foi o pior desempenho anual para o Dow desde 1931 e equivaleu a uma perda em valor de $6,9 trilhões.

De volta para o futuro

Diante de uma economia assustadoramente ruim, o presidente Bush disse: "Essa legislação salvaguardará e estabilizará o sistema financeiro americano e fará reformas permanentes para que esses problemas jamais ocorram novamente."

Muitas pessoas respiraram aliviadas, pensando: "Finalmente, o governo nos salvará!" O problema é que essas *não* são palavras do presidente George W. Bush. Essas são palavras de seu pai, George H.W. Bush. Em 1989, o primeiro presidente Bush pediu $66 bilhões para salvar a indústria de poupança e empréstimos. Os $66 bilhões não resolveram o problema e a indústria de poupança e empréstimos desapareceu do mapa. Além disso, o pacote estimado em $66 bilhões acabou custando aos contribuintes $150 bilhões – mais do que o dobro da quantia inicialmente estimada. Para onde foi todo aquele dinheiro?

Tal pai, tal filho

Vinte anos depois, em setembro de 2008, o presidente George W. Bush pediu por mais $700 bilhões e fez uma promessa similar. "Garantimos que isso não acontecerá novamente. Mas, nesse meio-tempo, precisamos resolver o problema. Foi por isso que as pessoas me mandaram para Washington." Por que pai e filho disseram quase a mesma coisa sobre salvar a economia com uma diferença de quase vinte anos? Por que a promessa do primeiro presidente Bush de consertar o sistema foi quebrada?

Todos os homens do presidente

Dado que mudança era uma palavra-chave do slogan de campanha do presidente Obama, por que ele contratou as mesmas pessoas que trabalharam na administração Clinton? Isso não parece nada com mudança. Parece, na verdade, *status quo*.

Por que Obama, durante a campanha, consultou Robert Rubin, que havia acabado de sair da presidência do Citigroup, uma empresa à beira do próprio colapso e que havia recebido $45 bilhões em fundos de assistência do governo, em busca de conselhos sobre a economia? Por que ele designou Larry Summers para ser diretor do White House National Economic Council (Conselho Nacional de Economia para a Casa Branca) e Timothy Geithner, ex-presidente do Federal Reserve de Nova York, para ser seu secretário do Tesouro? Todos esses homens eram membros da equipe econômica de Clinton e participaram da revogação da lei Glass-Steagall sobre transparência, de 1993, uma lei que proibia os bancos de venderem investimentos. O fato de os bancos venderem investimentos na forma de derivativos é uma das razões pelas quais estamos no meio da confusão dos dias de hoje.

Em termos excessivamente simplistas, a proposta de Glass-Steagall, de 1933, criada durante a última depressão, era separar os bancos de poupança e empréstimos, que tinham acesso aos fundos do Federal Reserve, dos bancos de investimento, que não tinham. Clinton, Rubin, Summers e Geithner conseguiram revogar a lei para legitimar a formação do Citigroup, o maior "supermercado financeiro" da história americana. Muitas pessoas desconhecem isso, mas a formação do Citigroup se deu na violação à lei de Glass-Steagall.

A seguir cito um comentário de Kenneth Guenther, CEO do Independent Community Banker of America (representante dos pequenos bancos da América) feito à PBS, o canal público de televisão, em 2003, sobre a formação do Citigroup:

> Quem eles pensam que são? Outras pessoas, empresas, não podem agir dessa forma... Citicorp e Travelers são tão imensos que foram capazes

> de criar isso. Eles criaram o maior conglomerado financeiro – juntando banco, seguradora e distribuidora de valores – quando a legislação ainda estava valendo, ou seja, a criação era ilegal. E fizeram isso com as bênçãos do presidente dos Estados Unidos, Bill Clinton, o presidente do Federal Reserve, Alan Greenspan, e o secretário do Tesouro, Robert Rubin. Então, quando tudo termina, o que acontece? O secretário do Tesouro se torna o vice-presidente do emergente Citigroup.

Como já dissemos, Robert Rubin tornou-se conselheiro de Obama durante a campanha presidencial.

O secretário de Tesouro de Obama, Timothy Geithner, foi subsecretário do Tesouro de 1998 a 2001, trabalhando para os secretários Robert Rubin e Lawrence Summers. Summers é o mentor de Geithner, e muitos dizem que Geithner é protegido de Robert Rubin. Ah, que teia nós tecemos!

Em outras palavras, esses são homens parcialmente responsáveis por disparar essa crise financeira. Ao permitir que os bancos comerciais se juntassem aos bancos de investimento, esses sujeitos aceleraram a venda de derivativos financeiros exóticos que Warren Buffett chamou de "armas de destruição financeira em massa" e que ajudaram a economia global inteira a cair de joelhos. Como pode haver mudança se as mesmas pessoas que espalharam essa bagunça financeira ainda estão no controle? O que o presidente Obama quer dizer quando promete mudanças nas quais podemos acreditar?

Republicanos, democratas e banqueiros

Uma das razões pelas quais os dois presidentes Bush disseram quase as mesmas palavras, de que um *bailout* salvaria a economia e isso nunca mais aconteceria de novo, foi porque eles foram eleitos para proteger o sistema – e não consertá-lo. Pode-se concluir que o presidente Obama contratou virtualmente a mesma equipe financeira da administração Clinton porque queria proteger o mesmo sistema – um sistema desenhado para tornar os ricos ainda mais ricos? Só o tempo dirá. Ainda que o presidente Obama tenha se orgulhado de não ter aceitado dinheiro de campanha proveniente de lobistas, permanece o fato de que sua equipe financeira está cheia de *insiders* que ajudaram a engendrar a crise que agora estão designados a consertar.

O único candidato que consistentemente mencionou a economia e o crescimento da crise financeira durante o começo da corrida presidencial de

2008 foi o representante do Texas, Ron Paul, um atípico republicano. Ao escrever para a Forbes.com, em 4 de março de 2008, ele afirmou: "A menos que adotemos reformas fundamentais, seremos pegos por uma terrível tempestade financeira que destruirá esse país como nenhum outro inimigo conseguiu." Infelizmente, não houve um número necessário de eleitores que lhe dessem crédito.

> **Comentários**
>
> *Votei em Obama porque acreditei que ele era um líder sincero e compassivo. Não importa quão inteligente ele possa ser ou qualquer um que trabalhe para ele, você, Robert, me ensinou que a educação financeira é escassa! Acho que as pessoas no poder não têm QI financeiro muito alto!*
>
> virtualdeb
>
> *Parece que o presidente Obama e sua equipe estão mais preocupados com as táticas de curto prazo do tipo Band-aid do que com os objetivos de longo prazo. Até agora, parece que todas as ações da nova administração têm sido fechar os buracos na represa e escorá-la um pouco. Parece não haver interesse em se determinar as causas e mudar as falhas das fundações que nos conduziram a essa crise financeira.*
>
> egrannan

As raízes da crise

Diz-se que Mayer Amschel Rothschild, fundador de um dos mais poderosos grupos de banqueiros da Europa, observou certa vez: "Me dê o controle da oferta de moeda de um país e eu não me importarei com quem fará as leis." Para entender a crise financeira global é importante entender a relação entre o governo americano, o conjunto que forma o Federal Reserve e algumas das mais poderosas pessoas do mundo. Esse relacionamento é descrito no diagrama incrivelmente simples a seguir.

Em 1913, a criação do Federal Reserve concedeu aos muito ricos de todo o mundo o poder de controlar a oferta de moeda dos Estados Unidos, tornando realidade para muitos o desejo expresso na afirmação de Rothschild. Muitas pessoas não sabem ou não entendem que o Federal Reserve não é uma instituição governamental ou banco, nem tem qualquer reserva. Na verdade, é um cartel de bancos administrado por alguns dos homens mais poderosos do mundo financeiro. A criação do Federal Reserve foi basicamente uma licença para imprimir dinheiro.

Outra razão para a criação do sistema do Federal Reserve foi proteger os maiores bancos, ao prover liquidez a eles em caso de problemas financeiros, o que significa proteger o dinheiro dos ricos, e não dos contribuintes.

Vemos esse tipo de ação até mesmo nos dias de hoje. Em 2008, quando o presidente Bush autorizou um socorro financeiro de $700 bilhões, o secretário do Tesouro, Henry Paulson (ex-Goldman Sachs), em conjunto com o Federal Reserve, imediatamente concedeu bilhões para o programa de ajuda denominado TARP (Troubled Asset Relief Program), dinheiro para os maiores bancos do país, seus amigos, sem qualquer questionamento.

A realidade da situação é que o dinheiro do TARP foi diretamente do bolso do contribuinte para o bolso dos próprios bancos e corporações que, para começar, criaram a confusão financeira que aflige o mundo. Foi dito que o dinheiro foi dado aos bancos para que eles emprestassem para o público, mantendo o sistema de crédito operante, mas o governo foi incapaz, ou não fez questão – ou ambos – de executar essa obrigatoriedade.

Em meados de dezembro de 2008, quando o jornal *USA Today* perguntou aos bancos o que eles estavam fazendo com o dinheiro do *bailout*, o JP Morgan Chase, um banco que recebeu $25 bilhões dos contribuintes, respondeu: "Nós não vamos revelar isso ao público. Recusamos-nos a divulgar." Morgan Stanley, um banco que recebeu $10 bilhões, respondeu: "Recusamos dar qualquer resposta para o seu artigo." O New York Mellon respondeu: "Optamos por não divulgar isso." O dinheiro do *bailout* dos bancos foi nada mais, nada menos do que a ajuda financeira de um amigo rico usada para encobrir os erros e, obviamente, as fraudes de tais amigos, não para salvar a economia.

Quer a prova? Como reportou o *The Wall Street Journal* em 26 de janeiro de 2009, em um artigo intitulado "Empréstimos caem nos maiores bancos americanos", "Dez dos treze maiores beneficiários do TARP apresentaram declínio nos empréstimos na ordem de $46 bilhões, ou 1,4%, entre o primeiro e o quarto trimestre de 2008". E eles cavaram $148 bilhões dos contribuintes para estimular o crédito.

Se o presidente Obama realmente quer fazer mudanças em Washington, ele precisa mudar essa relação íntima entre o Federal Reserve e os ricos e poderosos. Talvez ele queira, um dia. Não é o que parece, ao colocar em sua administração a equipe financeira do presidente Clinton. Parece que ele fará exatamente o que os presidentes anteriores desde Woodrow Wilson fizeram – proteger o sistema e não mudar.

Comentário

Sou profundamente agradecida a você, Robert, por ser honesto e não ter medo de nos dizer a verdade sobre o que uma série de coisas significa ou o que representa. É realmente triste que os contribuintes sejam afetados por isso e muitos deles sequer sabem ou entendem a realidade.

jacklyn

De acordo com algumas estimativas, as perdas mundiais combinadas em ações, títulos, mercadorias e imóveis superaram os $60 trilhões. Até agora os bancos e governos do mundo já colocaram no mercado quase $10 trilhões em um esforço para consertar os problemas. E o resto dos 50 trilhões? Quem cobrirá essas perdas? Para onde foi esse dinheiro? Quem irá nos socorrer? De onde virá nosso *bailout,* nós, as pessoas que realmente perderam dinheiro e agora precisam pagar pelas suas perdas *e também* pelas perdas dos ricos, com o dinheiro dos impostos?

O ano de 2013 marcará o centenário do Federal Reserve, instituição que por quase 100 anos criou o maior esquema de roubo de dinheiro do mundo. Esse roubo é um assalto em que os bandidos não usam máscaras, ao contrário, usam ternos com *bottons* da bandeira americana nas lapelas. É um assalto no qual os ricos roubam dos pobres por meio dos bancos e do governo.

Quando eu era um estudante nas aulas do Dr. Buckminster Fuller, em 1981, fiquei perturbado ao escutá-lo dizer que: "O primeiro propósito do governo é ser o veículo utilizado pelos ricos para meter a mão em nossos bolsos." Ainda que eu não tivesse gostado do que ele estava dizendo, porque queria pensar apenas coisas fabulosas sobre meu país e seus líderes, no fundo, e com base em minhas próprias experiências, eu sabia que havia alguma verdade naquilo que ele dizia.

Até então eu tinha minhas próprias e secretas dúvidas sobre o papel do governo. Ainda criança, pensava com frequência sobre qual seria a razão para o assunto dinheiro não estar sendo ensinado nas escolas. Como piloto da Marinha americana no Vietnã, eu me perguntava por que estávamos lutando aquela guerra. Também testemunhei meu Pai Pobre demitindo-se de sua posição de secretário da Educação para ser candidato a vice-governador do estado do Havaí porque estava profundamente decepcionado com a corrupção que via no governo. Um homem honesto, meu pai não conseguia engolir as coisas que presenciava depois que assumiu um alto posto no governo como membro do staff do governador. Assim, embora as palavras do Dr. Fuller não fossem o discurso que eu quisesse ouvir, porque realmente amo meu país e não gosto de criticá-lo, suas palavras foram suficientemente perturbadoras para meu despertar. No início dos anos 1980, meus estudos começaram e meus olhos se abriram para os fatos que muitas pessoas poderosas não querem que vejamos.

Como isso me afeta?

No grande universo das finanças pessoais, há quatro forças que fazem as pessoas trabalhar arduamente e, ainda assim, passarem por dificuldades financeiras. São elas:

1. Impostos
2. Dívidas
3. Inflação
4. Aposentadoria

Pense um momento e reflita brevemente sobre o quanto essas quatro forças afetam você financeiramente. Por exemplo, quanto você paga em impostos? Não apenas pagamos imposto sobre a renda, mas também impostos sobre vendas, gasolina, imóveis e muito mais. Mais importante, para quem vão os impostos e com que objetivo?

A seguir, quanto lhe custa os juros sobre dívidas? Quanto lhe cobram de juros em seu empréstimo imobiliário, cartão de crédito, empréstimos educativos ou automobilísticos?

Em seguida pense um momento sobre como a inflação tem afetado sua vida, quando aumentam os preços da gasolina, das mensalidades escolares, da comida, do vestuário – e os salários permanecem os mesmos. Isso é inflação em ação.

Finalmente, pense na questão da aposentadoria. Muitas pessoas têm seu dinheiro descontado diretamente de seus salários, antes mesmo que os recebam. Aqueles que possuem previdência privada entregam seu dinheiro para o sistema financeiro para que ele seja administrado por pessoas que sequer conhecem. Muito dinheiro é escumado por meio de taxas e tarifas. Além disso, hoje, muitas pessoas não têm dinheiro suficiente para se aposentar.

Comentários

Quando vivi no Zimbábue, que já teve o maior índice de inflação do mundo, acima de 5 bilhões por cento, compreendi a vantagem de não manter dinheiro (moeda corrente). Basicamente, o preço de uma mercadoria mudava três vezes ao dia e havia necessidade de travar o preço de manhã para revender o produto à tarde, o que significava um lucro bastante interessante.

drtaffie

Eu acho que o mais cruel dos três é a inflação. Ela afeta os pobres e a classe média igualmente. A classe média paga mais impostos do que os pobres, mas todos pagam igualmente quando se trata da inflação.

kammi12

O começo do fim

Comecei este capítulo com uma data importante, 6 de agosto de 2007, a data em que o American Home Mortgage, um dos maiores provedores de crédito imobiliário dos Estados Unidos, pediu concordata.

Essa data é importante porque marca o momento em que o endividamento havia ido longe demais. O sistema global não poderia absorver mais dívida. Em 6 de agosto de 2007, a bolha das dívidas estourou e hoje temos *deflação* nos Estados Unidos, que é um problema muito mais sério do que *inflação* – algo que veremos mais adiante.

Para salvar o mundo, o presidente Barack Obama tem de estancar a *deflação*. A primeira ferramenta que ele tem para combatê-la é a *inflação*. Isso significa que teremos que utilizar quantidades maciças de dívidas e imprimir ainda mais dinheiro do nada. Hoje isso significa mais impostos, mais endividamento e, se ele for bem-sucedido, inflação.

Pense na economia global como um enorme balão de ar quente. As coisas iam esplendidamente bem até 6 de agosto de 2007, quando ar quente demais – *dívida* – provocou uma fissura no balão. Quando o som horripilante do rasgo se espalhou, os bancos centrais do mundo começaram a bombear mais e mais ar quente – *dívida* – para o balão, em uma tentativa de evitar que ele descesse ao solo e provocasse uma *depressão.*

Em seu famoso livro *O Conto de Duas Cidades* (Sintra: Europa-América, 1981), Charles Dickens escreveu: "Foi o melhor dos tempos, foi o pior dos tempos; foi a época da sabedoria, foi a época da imbecilidade." Curiosamente as coisas não mudaram muito desde que Dickens escreveu isso em 1859.

Para algumas pessoas, a deflação faz com esses sejam os melhores dos tempos. O custo de vida nos Estados Unidos está caindo, assim como os preços do petróleo, dos imóveis, das ações e das mercadorias, tornando tudo mais acessível. Os bancos centrais e os governos do mundo, achando que as pessoas, as empresas e os governos contrairão ainda mais dívidas, estão injetando trilhões de dólares na economia a taxas próximas do zero – dinheiro virtualmente gratuito.

Para os investidores bem-posicionados, essa é a oportunidade de uma vida para comprar ativos com grandes descontos. Para as empresas bem-posicionadas agora é a hora de ganhar fatias de mercado, dado que muitos de seus competidores estão à beira da falência. Essas pessoas veem abundância.

Para outros esse é o pior dos tempos.

O custo de vida pode estar caindo, mas essas pessoas são incapazes de colher os benefícios porque não mais possuem um emprego para cobrir até mesmo as necessidades básicas, ou estão tão afundadas em dívidas que devem mais dinheiro do que valem seus ativos – e os ativos que possuem são, na verdade, passivos, como, por exemplo, suas casas.

Essas pessoas não veem a oportunidade de uma vida. Elas não têm dinheiro esperando pelo negócio ideal. Elas enxergam a escassez e sentem medo.

A diferença entre essas pessoas que percebem ser esse o melhor dos tempos e aqueles que o consideram o pior é conhecimento e QI financeiro.

Nos dias de hoje, você pode ser um gênio acadêmico, mas, ainda assim, ser um imbecil financeiramente. Isso vai contra a sabedoria convencional, especialmente quando julgamos pessoas que têm empregos de altos salários, como advogados e médicos, como sendo financeira e academicamente inteligentes, já que fazem muito dinheiro. Mas fazer muito dinheiro não significa que você seja financeiramente inteligente, especialmente quando você gasta e investe tal dinheiro com pouca sabedoria – ou entrega seu dinheiro para pessoas que não dão a mínima se você perde ou ganha. Lembre-se sempre de que há enorme diferença entre segurança no trabalho e segurança financeira e a verdadeira segurança financeira requer educação financeira sólida, baseada no mundo real do dinheiro.

Por isso *não* me surpreendi quando a crise econômica americana se espalhou para além das fronteiras dos empréstimos imobiliários de baixa qualidade – os *subprimes.* Comentaristas e líderes pareceram surpresos. Foi por isso que os candidatos presidenciais não mencionaram os problemas durante a campanha. Mas, como sabemos agora, o problema não foi *pessoas pobres com muitas dívidas.* O problema começou nas altas esferas do governo e do sistema financeiro. Milhões perderam as economias de uma vida inteira de trabalho porque não entenderam as novas regras do dinheiro e como isso afeta nossas vidas, e esse é um problema sistêmico que não pode ser resolvido por um líder carismático.

Então, aqui estamos de volta à pergunta postada no título deste capítulo: Obama será capaz de nos salvar? A pergunta correta deveria ser: Podemos nos salvar a nós mesmos? A resposta, e a chave para nossa liberdade da tirania de nossa economia, é conhecimento. Ao se educar sobre o funcionamento do mundo do dinheiro, você libera o potencial que existe dentro de você para se livrar da mentalidade da escassez e passa a enxergar a abundância a seu redor. Para você, esse pode realmente ser o melhor dos tempos.

Pessoalmente, não espero pelo governo ou pelas grandes empresas para me salvar. Eu observo o que eles realmente estão fazendo, mais do que dizem ou prometem, e respondo de acordo com essas ações. Saber como responder em vez de seguir, como tomar decisões confiantes em vez de esperar que lhe digam o que fazer, requer coragem e educação financeira.

Acredito que os problemas são enormes e continuam a crescer. Está fora de controle. É um problema monetário mais do que político. É um problema global, não apenas americano. Há pouco que Obama possa fazer, e o que ele pode fazer temo não ser suficiente. O pior de tudo é que as pessoas que comandam o espetáculo no mundo financeiro não respondem ao presidente dos Estados Unidos. Elas não precisam de sua aprovação para fazer o que fazem. Elas estão acima do controle dos governos do mundo e de seus líderes eleitos.

Como podemos nos salvar?

Quando me perguntam o que eu ensinaria se estivesse no comando da educação financeira do sistema escolar, minha resposta é: "Eu me certificaria de que os alunos entendessem as relações entre impostos, dívidas e inflação antes que se formassem." Se eles entendem isso, já têm maior segurança financeira futura. Eles serão capazes de tomar decisões financeiras para si próprios em vez de esperar que o governo ou os chamados "especialistas em finanças" os salvem.

Comentário

Lembro sempre do que o Robert diz: "Não é o ouro, a prata ou o investimento em imóveis que o torna rico; é o que você sabe sobre prata, ouro e imóveis que o torna rico."

dafirebreather

Basicamente, este livro é sobre a relação entre impostos, dívidas, inflação e aposentadoria. Isso forma a fundação das novas regras do dinheiro. Este livro lhe dará o conhecimento necessário para entender essas forças e, assim, as novas regras do dinheiro. Uma vez que você compreenda essas coisas, estará em posição de escolher não participar da conspiração dos ricos e viver uma vida de verdadeira liberdade financeira.

Capítulo 2

A conspiração contra a educação

Por que o assunto dinheiro não é ensinado nas escolas

> *O propósito da fundação do General Education Board foi usar o poder do dinheiro não para aumentar o nível educacional da América, como se acreditava naquela época, mas para influenciar os caminhos educacionais... O objetivo era usar a sala de aula para ensinar atitudes que encorajassem as pessoas a serem passivas e submissas a seus governantes. O objetivo era – e é – criar cidadãos que sejam suficientemente instruídos para trabalhar sob supervisão, mas não o suficiente para questionar a autoridade ou buscar posição acima de sua classe social. A verdadeira educação deveria ser restrita aos filhos e filhas da elite. Para os demais, era melhor produzir trabalhadores especializados sem nenhuma outra aspiração a não ser curtir a vida.*
>
> G. Edward Griffin, *A Criatura da Ilha Jekyll*, sobre o General Education Board de Rockfeller, fundado em 1903

A nova escola

Quando minhas suspeitas sobre a escola começaram, eu tinha 9 anos. Naquela época, minha família havia se mudado para o outro lado da cidade para que meu pai pudesse ficar mais perto do trabalho e onde eu começaria a quarta série em uma nova escola.

Vivíamos em uma pequena cidade rural de Hilo, na Ilha Grande do Havaí. A principal indústria da cidade era a açucareira, e cerca de 80% a 90% da população era descendente de imigrantes asiáticos trazidos ao Havaí no final dos anos 1800. Eu próprio sou da quarta geração de japoneses.

Em minha antiga escola, a maioria de meus colegas de classe se parecia comigo. Na nova escola, 50% dos alunos eram brancos, a outra metade, asiática. A maioria das crianças, brancas ou asiáticas, era de famílias ricas. Pela primeira vez na vida eu me senti pobre.

Meus amigos ricos viviam em mansões em vizinhanças exclusivas. Nossa família vivia em uma casa alugada atrás de uma biblioteca. A maioria das famílias de meus amigos tinha dois carros. Minha família tinha um. Boa parte daquelas famílias tinha uma segunda residência, de praia. Quando meus amigos faziam aniversário, as festas aconteciam no Iate Clube. Minhas festas de aniversário aconteciam em uma praia pública. Quando meus amigos começaram a jogar golfe, eles eram ensinados pelos profissionais de seus *countries clubs.* Eu nem ao menos tinha tacos de golfe. Eu era caddy no *country club,* ou seja, eu carregava tacos de golfe para outros jogadores. Meus amigos ricos tinham bicicletas novas, alguns tinham até seus próprios barcos a vela e passavam as férias na Disney. Minha mãe e meu pai prometeram que um dia iríamos à Disney, mas nunca fomos. Nós nos divertíamos indo a parques nacionais locais para ver os vulcões em erupção.

Foi nessa nova escola que conheci o filho de meu Pai Rico. Na época, ele e eu estávamos entre os 10% de menor renda na escola e, ocasionalmente, entre os de menor desempenho acadêmico também. Nós nos tornamos amigos porque éramos as crianças mais pobres da classe e nos apoiávamos mutuamente.

A esperança da educação

Nos anos 1880, meus ancestrais imigraram do Japão para o Havaí. Eles foram mandados para os campos de cana-de-açúcar e abacaxi. A princípio, o sonho deles era trabalhar no campo, poupar dinheiro e voltar para o Japão como pessoas ricas.

Meus parentes trabalhavam arduamente nos campos, mas o pagamento era ínfimo. Além disso, os donos das plantações tiravam dinheiro dos salários para pagar pelo aluguel das casas que as fazendas forneciam. Era deles também o único mercado, o que significava que os trabalhadores precisavam comprar seus suprimentos na própria fazenda. Ao final do mês sobrava muito pouco dinheiro de seus salários.

Meus parentes queriam sair das plantações o mais rápido possível e, para eles, a educação era a saída. Pelas histórias que me contaram, meus ancestrais viveram na mais extrema parcimônia para poupar dinheiro e mandar seus filhos para a universidade. A falta de uma educação universitária significava permanecer na fazenda. Já na segunda geração, a maioria de meus ancestrais estava fora do mundo rural. Hoje, minha família se orgulha de ter várias gerações de graduados – a maioria com pelo menos um diploma de bacharel, muitos com mestrado e alguns com doutorado. Estou em um dos níveis mais baixos do pódio acadêmico da família. Tenho um diploma de bacharel.

A escola do outro lado da rua

Mudar de escola aos 9 anos foi um evento importante em minha vida devido à localização da nova escola. O diagrama a seguir mostra a mudança de ambiente social.

	R	Escritório do meu pai
Hilo Union School	U	Riverside School
	A	Minha nova casa

Exatamente do outro lado da minha nova escola, Riverside, ficava a escola Hilo Union. Essa escola era para crianças cujos pais trabalhavam nas lavouras, muitos dos quais eram sindicalizados. A escola Riverside, por outro lado, era para as crianças cujos pais eram donos das plantações.

Na quarta série comecei a frequentar a escola de Riverside com as crianças dos donos das plantações. Nos anos 1950, enquanto caminhava para a Riverside, eu olhava para a escola Hilo Union do outro lado da rua e via uma escola segregada não pela raça, mas pelo dinheiro. Foi nessa época que meu processo de desconfiança acerca das escolas e do sistema educacional começou. Eu sabia que alguma coisa estava errada, mas não sabia o quê. Se nossa casa não fosse do mesmo lado da rua da Riverside eu, provavelmente, teria ido para a Hilo Union.

Do quarto até o sexto ano, fui para a escola com as crianças que eram descendentes dos proprietários de terra – as mesmas pessoas e o mesmo sistema dos quais meus ancestrais quiseram escapar. Durante todo ensino fundamental cresci com esses meninos, pratiquei esportes com eles e frequentei suas casas.

Quando o ensino fundamental terminou, muitos desses meus amigos foram enviados para internatos no exterior. Fui para uma escola pública um pouco acima na nossa rua. Lá me reuni às crianças do outro lado da rua, os meninos da Hilo Union, e me tornei ainda mais consciente das diferenças entre a criação e a educação de crianças ricas e pobres.

Meu pai era altamente graduado e comandava o sistema educacional no Havaí. Não apenas saiu do mundo rural: se tornou funcionário público de alto escalão. Ainda que meu pai tenha ido para a escola, tivesse conquistado diplomas de alto grau e um emprego que lhe pagava bem, nossa família ainda era financeiramente pobre – ao menos em comparação com as famílias de meus amigos ricos. Todas as vezes em que eu ia à casa de algum desses amigos ricos eu sabia que algo estava errado, mas não sabia exatamente o quê. Comecei a indagar a razão pela qual a escola não havia feito minha mãe e meu pai ricos.

As plantações

Meus ancestrais viveram na miséria para poupar e investir em uma boa educação, assim, seus filhos poderiam sair do campo. Vi a relação entre Riverside e Hilo Union e passei pela experiência de ter amigos ricos que eram descendentes dos donos das fazendas e amigos que eram descendentes dos trabalhadores rurais. Na escola fundamental a educação básica é a mesma – sim, algo está errado, mesmo hoje.

Meus parentes queriam seus filhos fora do campo. O problema era, e ainda é, que a escola nunca nos ensinará como ser *o dono da fazenda.*

Tantos de nós vão para o *trabalho nas novas plantações* – as grandes corporações do mundo, as Forças Armadas e o governo. Precisamos ir para a escola para conseguir um bom trabalho. Somos ensinados a trabalhar para os ricos, comprar em suas lojas, pegar dinheiro emprestado de seus bancos, investir em seus negócios por meio das bolsas de valores e dos fundos, incluindo os fundos de pensão – mas não nos ensinam a *ficar rico.*

Sequestrando o sistema educacional

Um dos maiores pecados do sistema educacional é que ele não nos ensina sobre o dinheiro. Em vez disso ensina você a ser um bom empregado e descobrir em qual posto se encaixa. Alguns dizem que isso é intencional. No livro *A Criatura da Ilha Jekill,* por exemplo, Griffin extrai do primeiro trabalho do General Education Board, intitulado "A Escola Rural do Amanhã", escrito por Frederick Gates: "Em nossos sonhos, temos recursos ilimitados e as pessoas se entregam com perfeita docilidade às nossas mãos moldadoras. As convenções educacionais atuais desaparecem de nossas mentes e, desvencilhados da tradição, fazemos nosso próprio trabalho com o pessoal do campo receptivo e agradecido... Para a tarefa, estabelecemos algo simples e ao mesmo tempo magnífico: treinar essas pessoas para terem uma vida perfeitamente ideal exatamente onde se encontram..."

Tenha em mente que o General Education Board dos Estados Unidos foi fundado em 1903 pela Rockfeller Foundation – uma das fundações mais poderosas e ricas de todos os tempos. O que vemos aqui é uma atitude que remonta a uma centena de anos atrás, da elite rica dos Estados Unidos, ou até mesmo do mundo, aparentemente orquestrando um currículo escolar que fosse ao encontro de suas necessidades, e não necessariamente das necessidades dos alunos. Isso é importante hoje porque embora essas atitudes tenham ocorrido há mais de um século, elas não desapareceram e ainda são as forças diretrizes por trás do sistema educacional, de minha educação e da educação de nossas crianças. São as forças por trás da supressão da educação financeira mesmo nos dias de hoje. Você não precisa saber sobre o funcionamento do dinheiro quando está destinado a ser apenas uma engrenagem na máquina de fazer dinheiro de outra pessoa ou trabalhador na plantação de outro.

Após ler o livro do Dr. Fuller, *Grunch of Giantes,* em 1983, passei a entender a razão para que o assunto dinheiro não fosse ensinado nas escolas. Até então, eu não tivera a coragem de criticar o sistema escolar; afinal, meu pai era a figura principal do sistema educacional havaiano. Mas à medida que os anos passavam, cruzei com pessoas que possuíam uma visão similar a minha sobre educação.

Uma dessas pessoas foi John Taylor Gatto, autor, entre outros livros, de *Weapons of Mass Instruction* e *Dumbing Us Down.* Gatto ganhou o prêmio de melhor professor da cidade de Nova York três vezes e também foi designado Professor do Ano uma vez. Em 1991, desistiu da profissão de professor com uma carta aberta de demissão publicada no *The Wall Street Journal,* que dizia: "Não posso mais ensinar dessa maneira. Se você souber de um emprego em que eu não machuque as crianças, me avise. No outono estarei procurando por trabalho." Ele me alertou para o atual sistema educacional americano, que vem da Prússia, um sistema desenhado para criar bons soldados e trabalhadores, pessoas que seguem ordens cegamente, que esperam que lhes digam o que fazer, inclusive o que fazer com seu dinheiro.

Como me disse o senhor Gatto recentemente: "O sistema escolar não foi desenhado para ensinar as crianças a pensar por si mesmas. Nem ao menos foi desenvolvido para sustentar a noção de hoje de que todos podem ser livres. Estudantes obedientes e cordatos se tornam empregados e ficam contentes em trabalhar para os ricos ou se tornar soldados que sacrificam suas vidas para proteger a riqueza dos ricos."

Você pode descobrir mais sobre John Taylor Gatto em seu site: www.johntaylorgatoo.com. Ele continua com o compromisso de sua vida – a reforma educacional.

Agora, você pode ou não acreditar que há uma conspiração intencional que é contra ensinar educação financeira nas escolas. Mas o que você não pode negar é que as escolas não ensinam sobre finanças. Quer isso seja propósito, quer não, o sistema educacional falha em ensinar e instruir que o dinheiro é a força diretriz por trás da opressão financeira que muitas pessoas enfrentam hoje. É a falta de educação financeira que faz muitas pessoas altamente graduadas se preocuparem com a crise financeira global. Existem milhões de pessoas mundo afora que perderam suas economias para a aposentadoria após o aconselhamento de vendedores de produtos financeiros. Muitas pessoas estão pasmas com o que aconteceu.

Comentário

Eu concordo com o que você diz, Robert. Fui professor do ensino fundamental por trinta anos até que desisti. Eu estava frustrado com o sistema educacional. Sentia que estávamos conduzindo os jovens para o fracasso porque nós os educamos principalmente com coisas que não os equipa para a vida. Os gregos da Antiguidade acreditavam que deveriam ensinar as pessoas a pensar. Ensinamos os jovens a fazer o que lhes é ordenado.

henri54

Trocando liberdade por dinheiro

Se as pessoas não aprendem a administrar seu dinheiro, elas acabam trocando a liberdade por uma folha de pagamento – um emprego seguro e dinheiro suficiente para pagar suas contas. Algumas pessoas passam a vida inteira temendo perder seus empregos. É por isso que, para milhões de trabalhadores bem treinados, a segurança no trabalho é mais importante do que a liberdade financeira. Quando eu estava na Marinha, por exemplo, tinha a impressão de que muitos de meus colegas queriam permanecer vinte anos no serviço, recebendo uma folha de pagamento mensal do governo por toda a vida, e não necessariamente lutar por nosso país. No mundo acadêmico, muitos professores sonham com a segurança da estabilidade mais do que com o orgulho de ensinar.

A falta de educação financeira nas escolas resultou em milhões de pessoas livres que passam a desejar que o governo assuma maior controle sobre suas vidas. Porque não temos inteligência financeira suficiente para resolver nossos problemas, esperamos que o governo faça isso por nós. No processo, abrimos mão de nossa liberdade e damos ao governo mais e mais controle sobre nossas vidas e nosso dinheiro. Cada vez que o governo socorre um banco, nós não estamos ajudando as pessoas, estamos protegendo os ricos. Em cada *bailout*, cedemos ainda mais a nossa liberdade e nossa parcela de dívida pública cresce. O governo resolver nossos problemas através de programas e assistência social é uma forma de socialismo. Acredito que o socialismo enfraquece as pessoas e as mantém fracas. Na escola dominical, aprendi a ensinar as pessoas a pescar – não a esperar pelo peixe. Para mim, programas sociais e assistência financeira são a forma mais pura de entregar o peixe às pessoas em vez de ensiná-las a produzir o próprio sustento.

Quem pegou meu dinheiro?

Passe algum tempo observando as realidades financeiras com as quais temos de conviver.

Realidades	*Como elas se aplicam aos ricos e aos pobres*
Escola	A maioria das pessoas nada aprende sobre dinheiro na escola. Os ricos aprendem sobre o dinheiro em casa.
Trabalho	A maioria das pessoas consegue um emprego no qual trabalhará para os ricos.

Impostos	Os impostos vão para as empresas de propriedade dos ricos e dos amigos de líderes políticos na forma de assistência financeira. Nos Estados Unidos, estima-se que de cada $1 mil pagos em impostos, apenas $200 voltem como benefício para o contribuinte. Os ricos sabem como manipular o sistema. Eles possuem os negócios, fazem mais dinheiro e pagam menos impostos do que os trabalhadores.
Dívida Pública	Os *bailouts* de trilhões de dólares são dívidas que passarão para muitas gerações, significando que as crianças, por muitos e muitos anos, estarão pagando pela salvação dos ricos. E pagarão a taxas de juros e de inflação maiores.
Moradia	O pagamento dos empréstimos imobiliários vai para os bancos dos ricos. E isso não inclui impostos, comissões e taxas de serviços.
Aposentadoria	A maioria das pessoas que investem para a aposentadoria o faz por meio de fundos ou bolsa de valores. Muito desse dinheiro é investido no negócio dos ricos. Se o investimento perde, você perde dinheiro – e o planejador financeiro, o corretor de valores mobiliário ou imobiliário, fica com a comissão.
Custo de Vida	Quem fica com o dinheiro que gastamos com seguros, gasolina, eletricidade e outras necessidades? Os ricos. Quem se beneficia se as necessidades sobem de preço? Os ricos.

Comentário

Notei diferença real no tratamento médico dispensado às diferentes classe sociais. Nos Estados Unidos ou você precisa ser rico (com seguro ou capaz de pagar por tudo) ou muito pobre (assistência gratuita do governo) para conseguir tratamento. Fico curioso em saber quantos proprietários de pequenos negócios são realmente capazes de pagar por um bom seguro de saúde e não somente algum plano catastrófico. Acredito que a maioria das pessoas fica em um trabalho que odeia e nunca assume qualquer risco que seja requerido para começar seu próprio negócio por medo de perder o seguro-saúde de sua família.

Bryan P.

As maiores mentiras sobre dinheiro

Meu Pai Pobre era um grande homem, intelectual bem formado, trabalhador dedicado, professor honesto e funcionário público. Ainda assim, ao tratar de dinheiro, ele foi um mentiroso. Quando falava sobre o trabalho, o ensino ou a vida, costumava repetir com frequência: "Não estou interessado em dinheiro", "Não faço isso por dinheiro" ou "Dinheiro não é importante". Todas as vezes que eu o escutava dizendo tais coisas, sacudia minha cabeça. Para mim, esses comentários eram mentiras. Um dia perguntei a ele: "Se você não está interessado em dinheiro, então por que aceita um salário? Por que você sempre diz: 'Não recebo aquilo que valho'? Por que sempre anseia por um aumento de salário?" Ele nunca respondia.

Como meu pai, muitas pessoas se sentem desconfortáveis perante o assunto dinheiro. Muitas pessoas mentem ou vivem em negação sobre a importância do dinheiro em suas vidas. É comum escutarmos: "Nunca discuta sexo, dinheiro, religião ou política." Esses assuntos são muito voláteis e primários por natureza. É por isso que a maioria das pessoas fala do clima, de esportes, de assuntos da televisão ou da última dieta da moda. Essas coisas são superficiais – podemos viver com ou sem elas. Mas não podemos viver sem dinheiro.

Muitas pessoas acreditam no ditado que discutimos na Introdução deste livro. "O amor ao dinheiro é a raiz de todos os males." O que elas falham em reconhecer é que, no contexto do ditado, o dinheiro em si *não* é a raiz de todos os males. Muitas pessoas acreditam que o dinheiro tenha o poder de corromper, e ele realmente pode fazer isso.

Muitas pessoas acreditam que se as crianças souberem como fazer dinheiro, elas podem não querer estudar, e isso também é possível. Ainda assim, para se viver é preciso dinheiro, portanto, dinheiro é uma das realidades da vida. Muitas pessoas passam muitas das horas em que não estão dormindo e, portanto, suas vidas, trabalhando por dinheiro. Muitos divórcios e disfuncionalidades em famílias ocorrem por causa do dinheiro.

Impedir que as pessoas aprendam sobre o dinheiro é uma maldade, já que tantas pessoas fazem coisas horríveis por causa dele, como trabalhar em um emprego que detestam, trabalhar para pessoas que não respeitam, casar com pessoas que não amam, tomar aquilo que não é delas e esperar que alguém – como a família ou governo – assuma a responsabilidade quando elas não forem mais capazes de cuidar de si.

Ideias obsoletas

A ideia de que *dinheiro não é importante* é obsoleta.

> **Comentário**
>
> ***O rei Salomão, cerca de 850-900 a.C., o mais sábio e mais rico de sua época, escreveu em Eclesiastes 10:19: "O festim faz-se para rir, o vinho alegra a vida, mas o dinheiro atende a tudo."***
>
> drmlnichols

Em termos realmente simplistas, os humanos evoluíram por quatro períodos sociais básicos. São eles:

1. A Era do Caçador/Coletor. Em épocas pré-históricas, o dinheiro não era importante. Conquanto que você tivesse uma lança, frutas secas, castanhas, uma caverna e um fogo, suas necessidades básicas estavam garantidas. A propriedade da terra não era importante porque os seres humanos eram nômades e iam atrás de comida. As pessoas viviam em tribos com pouca hierarquia. A vida do chefe não era muito diferente das demais pessoas. Nessa era, havia apenas uma classe de pessoas e o dinheiro não era importante.

2. A Era Agrária. Quando os humanos aprenderam a cultivar e domesticar animais, a terra se tornou importante. Escambo era o meio de troca. O dinheiro não era importante porque mesmo que você não o tivesse, você ainda conseguia sobreviver. Durante essa era, reis e rainhas reinavam sobre as propriedades de terra. Os camponeses que as usavam pagavam impostos sob a forma de colheitas e animais para quem possuísse a propriedade. Durante esse período havia duas classes de pessoas: os nobres e os camponeses.

3. A Era Industrial. Acredito que a Era Industrial começou nos anos 1500. Cristóvão Colombo, procurando uma passagem para a Ásia, desafiou a ideia de que o mundo era plano. Colombo não estava buscando o Novo Mundo, como ensinam muitas escolas. Ele estava em busca de rotas comerciais que trouxessem recursos como ouro, cobre, borracha, petróleo, madeira, peles, temperos, metais industriais e têxteis, que eram essenciais para a Era Industrial.

As pessoas saíam do campo e iam para as cidades, provocando um mundo novo de problemas e oportunidades. Na Era Industrial, em vez de camponeses pagando ao rei, os novos capitalistas pagavam aos empregados. Em vez de terra, o novo capitalismo possuía corporações.

Estas eram formadas principalmente para proteger os ricos, seus investidores e seu dinheiro. Antes que um navio zarpasse para o Novo Mundo, por exemplo, os ricos fundavam uma companhia. Se o navio se perdesse e os marinheiros morressem, os ricos não poderiam ser responsabilizados. Tudo que os ricos perdiam era seu dinheiro.

Hoje ocorre mais ou menos o mesmo. Se o presidente de uma empresa a conduz ao naufrágio; se a empresa contrai dívidas arrasadoras; se ele paga salários e bônus milionários para seus executivos; se rouba o dinheiro do fundo de pensão de seus funcionários, os empregados perdem tudo, mas os ricos muitas vezes estão protegidos das perdas e dos passivos – até mesmo dos crimes.

4. A Era da Informação. Vivemos na Era da Informação. Agora o dinheiro é importante. Mais especificamente, o *conhecimento* sobre o dinheiro é essencial na Era da Informação. O problema é que o sistema educacional ainda está na Era Industrial e, na mente dos intelectuais e acadêmicos, o dinheiro não é importante. A maioria das pessoas está agindo com base em ideias velhas e obsoletas sobre o dinheiro. Mas ele é importante. Hoje o dinheiro é um aspecto-chave de nossa existência. Hoje a *segurança financeira* é mais importante do que a *segurança no trabalho.*

Comentário

Até recentemente, sempre equiparei a segurança no trabalho com a segurança financeira. Nunca pensei de outra forma. Agora sei que não é bem assim.

jamesbzc

Educação financeira

Hoje é necessário ter três tipos de educação. São elas:

1. Educação Acadêmica. Inclui a habilidade de ler, escrever e resolver problemas de matemática básica. *Na Era da Informação, a habilidade de se* *manter atualizado com as mudanças na informação são mais importantes do que o que se aprendeu ontem.*

2. Educação Profissional. É o conhecimento de algo com o qual se faz dinheiro. Por exemplo, ir para a faculdade de Medicina para se tornar médico ou ir para a Academia de Polícia para se juntar à força policial. Hoje, é necessário muito mais educação profissional para se conseguir sucesso financeiro. *Na Era da Informação, a educação profissional é essencial para a segurança financeira.*

3. Educação Financeira: A educação financeira é essencial para a inteligência financeira, que não trata apenas de como você faz dinheiro, mas de quanto dinheiro você consegue acumular, quão arduamente seu dinheiro trabalha para você e para quantas gerações você passa seu dinheiro. *Na Era da Informação, a educação financeira é essencial para a segurança financeira.*

A maioria dos sistemas escolares faz um bom trabalho com as educações acadêmicas e profissionais. Mas falha quando se trata da educação financeira.

Por que a educação financeira é importante na Era da Informação

Também vivemos em um mundo de excesso de informação. A informação está em todo lugar: na internet, na televisão, no rádio, nas revistas, em newsletters, computadores, telefones celulares, escolas, negócios, igrejas e muito mais. A educação é essencial para processar toda essa informação e é por isso que a educação financeira é importante.

Hoje, a educação financeira está chegando a nós vinda de todas as direções. Sem ela, uma pessoa é menos capaz de processar e transformar informação financeira em significado pessoal. Por exemplo, quando alguém diz a você que uma ação tem um índice P/L de 6, o que isso significa para você? Quando um corretor lhe diz que o mercado de ações subiu uma média de 12% ao ano, o que isso lhe faz pensar? Talvez você se pergunte: "Essa informação é verdadeira? Oito por cento ao ano é um retorno bom ou ruim?" Insistindo: sem educação, uma pessoa não pode traduzir informação em significado pessoal. Informação sem educação tem valor limitado. Este livro dedica-se a lhe ensinar as novas regras do dinheiro e como elas afetam sua vida, quer você perceba, quer não.

Nova Regra do Dinheiro 1: Conhecimento é a nova moeda

A primeira regra do dinheiro é: *conhecimento é a nova moeda.*

Hoje, você não precisa de dinheiro para fazer dinheiro. Você precisa de conhecimento. Por exemplo, se o preço de uma ação é $100, você pode vender a descoberto (*short*), que significa vender ações que você não possui ao apostar em uma queda de preços. Vamos dizer que eu pegue emprestado mil ações que valham $100, venda e coloque $100 mil em minha conta. Então, a ação cai para $65, eu volto ao mercado e compro mil ações por $65 mil, retorno integralmente as mil ações que havia emprestado e fico com os $35 mil da diferença, menos as taxas e comissões e os custos de transações. É isso que, em essência, significa uma posição a descoberto. Para fazer esse dinheiro, só precisei de conhecimento. Primeiro eu tinha que saber que o conceito de *short selling** existia e, segundo, eu precisava saber como usar o método. Posso fazer transações similares com empresas ou mercado imobiliário.

Ao longo deste livro, usarei outros exemplos similares de como se fazer dinheiro a partir do nada – nada exceto conhecimento. Muitos dos exemplos são transações reais que concluo pessoalmente, criando dinheiro de nada, exceto de conhecimento, e, além disso, meus retornos também foram maiores, meus ganhos ocorreram com muito menos riscos do que investir em renda fixa e resultaram em menos impostos.

Hoje, na Era da Informação, fortunas são conquistadas e perdidas em um piscar de olhos, como resultado de informações boas ou ruins. Como a maioria de vocês sabe, muitas pessoas recentemente perderam trilhões de dólares em virtude de maus aconselhamentos, informações ruins e falta de educação financeira. Hoje você pode fazer dinheiro do nada. Mas também pode perder as poupanças de uma vida inteira em um piscar de olhos. É isso que quero dizer quando afirmo que dinheiro é conhecimento.

**Nota da Tradutora: Short Sale.* Venda a descoberto de um valor mobiliário ou de uma posição em mercados futuros com o objetivo de aproveitar a tendência de queda nos preços ou proteger ganhos numa posição comprada. Fonte: BMF&Bovespa.

Comentário

Eu gostaria de acrescentar enfaticamente que AÇÃO baseada no conhecimento é, na verdade, mais importante. O fato de alguém saber como funciona o **short selling** *ou como construir um site, ou seja lá o que for, não necessariamente significa que a pessoa irá criar riqueza.*

dlsmith29

Concluindo

Já é suficientemente ruim que as escolas não ensinem muito, se é que ensinam, sobre dinheiro. Mas hoje, em 2009, muitos dos ricos estão lutando contra o plano de estímulo econômico do presidente Obama para gastar mais para melhorar a educação. Só o tempo dirá se o plano de Obama funcionará. Acho que despender mais com educação é vital para o desenvolvimento de uma economia e um país fortes e para um mundo livre.

Sou defensor da educação. Na cultura asiática, o profissional mais respeitado é o professor. Mas na cultura ocidental os professores são os profissionais formados que recebem os menores salários. Acredito que se valorizássemos a educação, como costumamos dizer que fazemos, pagaríamos melhor os professores e construiríamos escolas melhores e mais seguras.

Também acredito que se valorizássemos verdadeiramente a educação, alfabetizaríamos financeiramente as pessoas porque estaríamos reconhecendo que o dinheiro é um aspecto central e importante de nossas existências. Assim, como vários dos chamados "defensores da educação" menosprezam as minhas ideias, eu pergunto: Por que continuar a defender um sistema que é desenhado para criar joões-ninguém em vez de pensadores livres, um sistema moldado para excluir o conhecimento financeiro em vez de criar pessoas alfabetizadas financeiramente e que podem prosperar em um sistema capitalista?

Quer você acredite na existência de uma conspiração na educação, como eu acredito, quer não, um fato permanece verdadeiro. Uma sólida educação, que inclua a educação financeira, é mais importante hoje do que jamais foi em qualquer época. Quando eu era criança, se qualquer um de meus companheiros de sala de aula não se desse bem na escola, ele ainda poderia conseguir um emprego com alto salário em uma fábrica ou no campo. Hoje, as fábricas fecham e os empregos mudam para outros países, e uma criança que fracasse na escola provavelmente também fracassará na vida. É por isso que o mundo precisa de escolas melhores e mais educação financeira.

Na Era da Informação, estamos sobrecarregados com conteúdos e estatísticas. A educação nos dá o poder de traduzir essa informação em algo significativo, algo que possa melhorar nossas vidas.

Deem a nós o poder de resolver nossos problemas financeiros em vez da expectativa de que o governo resolverá nossos problemas. Parem com as ajudas, com os *bailouts* e com todas as esmolas de programas sociais. É hora de dar um basta à conspiração dos ricos. É hora de nos ensinarem a pescar.

Capítulo 3

A conspiração contra o nosso dinheiro: o banco nunca quebra

O Banco "nunca quebra". Se o Banco ficar sem dinheiro, pode-se emitir tanto dinheiro quanto seja necessário simplesmente ao escrever as quantias em qualquer pedaço de papel.

Regra do jogo Banco Imobiliário

O dia em que o dólar morreu

Em 15 de agosto de 1971, o dólar americano morreu. Naquele dia, sem autorização do Congresso, o presidente Nixon acabou com a relação entre o dólar e o ouro, e o dólar se tornou dinheiro de Banco Imobiliário. Depois disso, começou o maior *boom* econômico da história.

Em 2009, no colapso da economia global, os bancos centrais criaram trilhões de dólares, ienes, pesos, euros e libras, seguindo as regras do Banco Imobiliário para banqueiros.

O problema é que o Banco Imobiliário é apenas um jogo. Aplicar as regras desse jogo na vida real é a receita para a destruição da sociedade da maneira como a conhecemos. Como o famoso economista John Maynard disse certa vez: "Não há maneira mais sutil nem mais segura de subverter a ordem social da sociedade do que o aviltamento da moeda corrente. Trata-se de um processo que mobiliza todas as forças ocultas da lei econômica a favor da destruição, e o faz de maneira tal que em 1 milhão de pessoas não há uma única que seja capaz de fazer um diagnóstico."

Comentário

Nunca soube que tal regra existia no Banco Imobiliário. É assustadora a forma como retrata a realidade. Os exemplos em que penso são os empréstimos bancários e os cartões de crédito.

Ajoyflower

Dinheiro do nada

Uma das razões pelas quais as pessoas ignoraram os conselhos de Keynes é a desvalorização da moeda fazer as pessoas se sentirem ricas. Os cartões de crédito vieram pelo correio e comprar se tornou o esporte nacional nos Estados Unidos. Muitas pessoas da classe média se tornaram pseudomilionárias, já que suas casas pareciam aumentar magicamente de preço. As pessoas passaram a acreditar que suas aposentadorias seriam patrocinadas pelos lucros das bolsas de valores. Refinanciaram suas casas para ter mais dinheiro para as viagens da família. Em vez de terem apenas um carro, as famílias tinham um Mercedes, uma minivan e uma camionete. Os jovens iam para as universidades e se endividavam com empréstimos estudantis, comprometendo renda que levarão muitos e muitos anos de suas vidas para pagar. A classe média festejava a descoberta da riqueza indo a restaurantes caros da moda, vestindo roupas de grifes, dirigindo Porsches e vivendo em mansões – tudo financiado por dívida.

Agora estamos saindo do maior *boom* econômico da história. O problema é que esse *boom* foi financiado por dívida, não renda; por inflação, não produção; por empréstimos, não trabalho. De muitas maneiras, *foi dinheiro por nada* – porque dinheiro *era* nada. Como diria Keynes, nosso dinheiro foi aviltado. Parecíamos ricos, mas a sociedade como a conhecíamos estava desmoronando.

Após 1971, os banqueiros dos bancos centrais poderiam criar dinheiro ao imprimir papel. Na era digital, sequer precisam imprimir papel para criar dinheiro. Enquanto você está lendo isso, trilhões de dólares, ienes, euros, pesos e libras estão sendo criados eletronicamente – do nada. De acordo com as regras do Banco Imobiliário, você e eu podemos ir à bancarrota, mas o banqueiro nunca quebra. Afinal, o jogo global do Banco Imobiliário precisa continuar.

Testemunhando a mudança

Em 1972 eu era piloto da Marinha a bordo de um porta-aviões posicionado na costa do Vietnã. A guerra não ia muito bem. Sabíamos que estávamos perdendo, mas sendo da Marinha não podíamos parar os ataques. Como oficial, meu trabalho era manter meus homens com moral alto e foco na sobrevivência e, ao mesmo tempo, prontos para dar suas vidas pelos companheiros e pelo país. Não podia deixar transparecer minhas dúvidas e medos, e eles não me permitiam perceber as deles tampouco.

Manter a positividade era difícil porque sabíamos que a maré da batalha havia se virado contra nós. Também sabíamos que estávamos perdendo a batalha em casa. Cada vez que víamos fotos dos protestos dos estudantes queimando papéis de alistamento e a bandeira americana, questionávamos quem estava certo e quem estava errado.

De noite, antes de cada missão, eu ia até a cabine de minha aeronave e, sozinho, deixava que o vento separasse meus pensamentos de meus medos. Eu não pedia para viver. Eu pedia que, se aquele fosse meu último alvorecer, pudesse escolher como enfrentar a morte. Não queria morrer como um covarde. Queria que o medo não comandasse minha vida.

Foi por isso que, ao retornar da guerra, não busquei a segurança do trabalho – não permiti que o medo da insegurança financeira ditasse minha vida. Tornei-me empreendedor. Quando perdi tudo após o fracasso de meu primeiro negócio, não deixei que o medo, a frustração e a dúvida me impedissem de fazer o que queria fazer. Juntei os cacos e voltei a trabalhar para reconstruir meu negócio. Aprender com os erros foi a melhor escola de negócios que pude ter. Hoje ainda frequento essa escola.

Nos últimos anos, quando os mercados acionário e imobiliário estavam no auge e os tolos corriam para investir, não permiti que a ganância sobrepujasse a lógica. Hoje, durante a crise econômica, tenho os mesmos medos que qualquer outra pessoa. Entretanto, não os deixarei me impedir de fazer o que devo. Em vez de apenas ver crise, faço o melhor que posso para enxergar as oportunidades que a crise apresenta. Aprendi essa lição no Vietnã e foi para isso que a guerra serviu para mim.

A guerra serviu para algo mais. A guerra me permitiu o privilégio de testemunhar a maior mudança da história do mundo: a mudança das regras do dinheiro.

Uma carta de casa

Na zona de guerra, a entrega das cartas era a parte mais importante de nosso dia. As cartas de casa eram uma valiosa conexão com as pessoas mais importantes de nossas vidas.

Certo dia, recebi uma carta de meu Pai Rico. Eu raramente tinha notícias dele porque, de fato, não era meu pai. Era o pai de meu melhor amigo. Sua carta começou com letras em negrito: "**As regras do dinheiro mudaram.**" Mais adiante ele me aconselhava a ler o *The Wall Street Journal* e acompanhar o preço do ouro. Com a moeda desatrelada, o preço do ouro não era mais fixo a $35, ele explicou. Quando li sua carta, o preço estava flutuando de $70 a $80 a onça.

Na época, eu não tinha a menor ideia da razão da excitação de meu Pai Rico. Quando eu era criança, ele raramente falou sobre ouro, exceto para dizer que lastreava nosso dinheiro. A mensagem dele era: com o dólar separado do ouro, os ricos estavam prontos para jogar com o dinheiro como o mundo jamais vira. Ele explicava: "Como o preço do ouro sobe e desce em relação ao dólar, haverá o maior *boom* e o maior *crash* que o mundo já viu. Com essa separação, estamos entrando em um período de extrema instabilidade financeira. A inflação irá para o espaço. Alguns ricos ficarão muito ricos e outros serão depenados." Ele encerrou a carta com: "O dólar é agora, oficialmente, dinheiro de Banco Imobiliário e as regras desse jogo são as novas regras do dinheiro do mundo."

Naquela época, não entendi inteiramente sua mensagem. Agora, que estou mais velho e mais sábio, acredito que ele estava dizendo que aquele era o momento de ele se tornar muito rico. Era a oportunidade de sua vida – e ele estava certo. Meu Pai Rico se tornou muito rico com a economia *bombando*. Meu Pai Pobre agarrou-se à segurança do trabalho e perdeu o maior *boom* econômico da história.

Lendo as regras finalmente

Alguns dias mais tarde, fui até o acampamento dos oficiais, encontrei um tabuleiro muito velho do Banco Imobiliário e joguei com um grupo de pilotos. Como eu já havia jogado inúmeras vezes, não me dei ao trabalho de reler as regras. No entanto, à medida que o jogo progredia, me lembrei das palavras do Pai Rico sobre as regras do Banco Imobiliário serem as novas regras do dinheiro do mundo. Procurei no livro de regras e encontrei aquela à qual ele se referiu:

> O Banco "nunca quebra". Se o Banco ficar sem dinheiro, poderá ser emitido tanto dinheiro quanto seja necessário, ao escrever as quantias em qualquer pedaço de papel.

Hoje, graças, em parte, ao simples alerta do Pai Rico, sei por que temos uma crise financeira global em nossas mãos. Para os ricos e poderosos, a mudança das regras significou que eles poderiam imprimir dinheiro em qualquer pedaço comum de papel. Nosso dinheiro havia sido aviltado.

Antes de 1971, o dinheiro era ouro porque era lastreado em ouro. Hoje o dinheiro é tóxico, fazendo as pessoas e as empresas ficarem doentes. É como alguém beber água poluída e ficar se indagando por que adoeceu. Ao mudar as regras do dinheiro, os ricos puderam roubar riqueza legalmente ao usar o próprio sistema financeiro.

Começa a educação da vida real

Em 1972, seguindo o conselho de meu Pai Rico, eu lia o *The Wall Street Journal* religiosamente, procurando por artigos sobre ouro. Assim começou minha educação sobre o ouro e sua relação com o dinheiro. Li cada artigo que pude encontrar sobre o assunto, mas não precisava apenas ler para aprender essas lições importantes. Exemplos práticos estavam a meu redor o tempo inteiro.

Um dia, voei até uma pequena vila perto de Da Nang, uma das maiores cidades do Vietnã. Com apenas algumas poucas horas à disposição antes do horário de retornarmos para o navio, meu chefe de tripulação e eu caminhamos pela vila. Ele queria comprar mangas e mamões, frutas exóticas que não tínhamos no navio.

Após selecionar alguns frutos, ele colocou a mão no bolso do uniforme e tirou um maço de piastras, o papel-moeda do Vietnã do Sul. "Não, não, não", disse a vendedora de frutas, balançando as mãos em negativa. Ela estava explicando que não aceitaria piastras, ou "p", como o dinheiro era conhecido. Meu chefe então estendeu uma nota de 50 dólares e entregou a ela. Ela relutantemente pegou o dinheiro e inspecionou o verso da nota. Finalmente, disse: "OK, você espera!" e foi a outra barraca, fez algum tipo de transação, correu de volta e entregou a meu chefe a sacola de frutas.

"O que foi que aconteceu?", perguntei a meu comandante.

"Ela está se preparando para fugir", ele respondeu. "Ela está planejando deixar o país."

"Como você sabe?", perguntei.

"Ela está seletiva em relação ao dinheiro", ele respondeu. "Sabe que o dinheiro de seu país, a piastra, é inútil. Ninguém fora do Vietnã do Sul a aceita. Por que alguém aceitaria o dinheiro de um país que brevemente deixará de existir? Foi por isso que ela foi até a outra barraca trocar meu dinheiro por ouro."

Caminhando de volta para o helicóptero, eu disse: "Percebi que ela lhe deu o troco em piastra."

"Também percebi", meu comandante disse sorrindo.

"Tenho uma sacola de frutas e o bolso cheio de Ps e ela tem ouro. Ela pode ser uma simples vendedora de frutas, mas, quando se trata de dinheiro, não é nada tola."

Três semanas mais tarde, meu comandante e eu voamos para o norte em busca de uma antiga mina de ouro na esperança de comprar o metal. Pensei que poderíamos comprar ouro por um preço melhor atrás das linhas inimigas. Arriscando minha vida e a de minha tripulação, descobri que não importa em que lugar do mundo você esteja, o preço do ouro é o mesmo. Minha educação do mundo real sobre as novas regras do dinheiro e a relação entre dinheiro do Banco Imobiliário e ouro estava começando.

Preocupação do público

Hoje, com a economia piorando, as pessoas sabem que há algo errado. O problema é que elas não sabem o que exatamente está errado. Cito novamente Keynes: "Não há maneira mais sutil nem mais segura de subverter a ordem social da sociedade do que o aviltamento da moeda corrente. Tratase de um processo que mobiliza todas as forças ocultas da lei econômica a favor da destruição, e o faz de maneira tal que em 1 milhão de pessoas não há uma única que seja capaz de fazer um diagnóstico."

Hoje, as pessoas fazem o que lhes ensinaram a fazer; vão à escola, trabalham arduamente, pagam suas contas, investem seu dinheiro em fundos e esperam que as coisas retornem ao normal. É por isso que todos estão esperando por sua parcela de *bailout*. Poucas pessoas percebem que aqueles que controlam a oferta de dinheiro querem que nós precisemos mais e mais de seu dinheiro tóxico. Quanto mais precisamos de dinheiro, mais dinheiro eles podem imprimir. Quanto mais dinheiro precisamos, mais nos enfraquecemos. Quanto mais precisamos de dinheiro, mais nos direcionamos para o socialismo. Em vez de ensinar as pessoas a pescar, o governo *dá* peixes às pessoas, e elas se tornam dependentes do governo para resolver seus problemas.

Não conte com isso

Ironicamente, o mundo está contando com o Federal Reserve e o Tesouro americano para resolver os problemas financeiros, mesmo essas instituições sendo as causadoras dos problemas. Conforme já mencionado, o Federal Reserve não é federal e não é americano. Ele pertence às famílias mais ricas do mundo. O Fed é um cartel financeiro, do mesmo modo que a OPEP é um cartel de petróleo. Poucas pessoas sabem que ele não tem reservas porque não tem dinheiro. O Fed não precisa de um cofre grande para armazenar dinheiro. Por que você precisaria de um cofre quando as regras do Banco Imobiliário se aplicam aos banqueiros de hoje? O Federal Reserve Bank não é um banco – essa ideia é uma ilusão, assim como nosso dinheiro.

Algumas pessoas dizem que a criação do Federal Reserve foi inconstitucional. Elas acham que a criação do Fed prejudicou a economia mundial – como, de fato, aconteceu. Outros acham que o sistema do Fed foi a melhor coisa que já aconteceu para o mundo. Dizem que ajudou a trazer riqueza ao mundo como nunca antes acontecera – e, de fato, isso é verdade.

Pouco importa saber os motivos dos fundadores do Federal Reserve. A realidade é que hoje o Fed comanda o jogo.

Em termos simples, os bancos centrais do mundo podem fazer apenas duas coisas:

1. Criar dinheiro do nada, como permitem as regras do Banco Imobiliário – algo que hoje eles fazem na casa dos trilhões.
2. Emprestar dinheiro que eles não têm. Quando você empresta dinheiro de um banco, isso não significa que o banco precisa ter essa quantia no cofre.

O jogo de soma zero

Historicamente, todas as vezes que um governo imprimiu seu próprio dinheiro, sem lastro, esse dinheiro em algum momento voltou a seu verdadeiro valor: zero. Isso acontece porque o dinheiro de papel é um jogo de soma zero. Será que o mesmo acontecerá com o dólar, o iene, a libra, o euro e outras moedas? Será que a história se repetirá?

Muitos cidadãos orgulhosos dirão: "Não, isso nunca acontecerá." Infelizmente já aconteceu antes – muitas vezes. Quando preciso de um lembrete sobre como o dinheiro pode valer zero, tudo que preciso fazer é pensar na vendedora de frutas e sua aversão pelas piastras.

Hoje, o mundo inteiro funciona com dinheiro de Banco Imobiliário. Mas e se a festa acabar? Os *bailouts* nos salvarão? Ironicamente, cada vez que um socorro financeiro acontece, a dívida do governo cresce, os impostos aumentam, os ricos ficam mais ricos e o valor do dinheiro se aproxima ainda mais do zero. Cada vez que o governo imprime mais dinheiro, menos valor ele passa a ter. Trabalhamos mais e mais, e a poupança vale menos e menos.

Não estou dizendo que o dinheiro do Banco Imobiliário de hoje chegará a zero, mas também não estou dizendo que não chegará. Se a história repetir a si própria, e o dólar chegar a zero, o caos mundial será cataclísmico. Ocorrerá a maior transferência de riqueza de toda a história mundial. Os ricos ficarão mais ricos e os pobres definitivamente ficarão mais pobres. A classe média desaparecerá.

Apocalipse

Essa crise está nos conduzindo a um apocalipse financeiro e, quanto mais ela se agrava, mais difícil fica manter os segredos das novas regras do dinheiro.

Para muitas religiões, a palavra *apocalipse* é muitas vezes utilizada para significar o fim do mundo. Não é esse tipo de apocalipse ao qual me refiro. A palavra *apocalipse* vem do grego e significa "o levantar dos véus". É um termo aplicado ao se desvendar algo desconhecido de grande parte da humanidade. Apocalipse significa que "segredos estão sendo revelados".

Se você leu *Pai Rico Pai Pobre* (Campus/Elsevier, 2000), talvez se lembre de que o subtítulo do livro era "O que os ricos ensinam a seus filhos sobre dinheiro". Para muitas pessoas, este livro foi um apocalipse, um levantar dos véus, o desvendar de algo secreto para a maior parte da humanidade. Quando foi publicado, *Pai Rico Pai Pobre* provocou uma montanha de protestos porque declarava: "Sua casa não é um ativo." Poucos anos mais tarde, quando a bagunça do *subprime* foi revelada, milhões de pessoas perderam suas casas e, ao redor do mundo, muitos perderam trilhões de dólares investidos em financiamentos *subprime* e outras formas de dívidas tóxicas parcialmente provocadas pelos banqueiros que criaram dinheiro aviltado do nada. *Pai Rico Pai Pobre* não foi um livro sobre o mercado imobiliário, como alguns julgam; foi sobre conhecimento financeiro – conhecimento passado de um pai para seu filho.

O nome do jogo é dívida

Em termos excessivamente simples, depois de 1971, o dinheiro se tornou dívida. Para a economia expandir, você e eu temos que nos endividar. É por isso que os cartões de crédito são oferecidos pelo correio.

Tecnicamente, o dinheiro em sua carteira não é dinheiro. É um certificado de dívida. A razão para essa crise ser tão grave é o fato de os banqueiros do Banco Imobiliário terem permitido que os maiores bancos e o mercado financeiro empacotassem dívidas e as vendessem ao mundo como ativos. De acordo com a revista *Times*, de 2000 a 2007, a maior exportação americana foi dívida.

Se soubéssemos que o dinheiro estava aviltado, que era dinheiro de Banco Imobiliário, talvez não estivéssemos na confusão que nos encontramos hoje. Se as pessoas fossem educadas financeiramente, haveria mais de uma pessoa em um milhão capaz de diagnosticar nosso problema financeiro. Se as pessoas tivessem mais educação financeira, não teriam acreditado cegamente que suas casas eram ativos, que poupar é uma atitude inteligente, que a diversificação as salvaria do risco e que investir para o longo prazo em fundo é a forma correta de se investir. Mas, devido à falta de educação financeira, o poder no comando continuará com suas políticas monetárias destrutivas. É para o benefício deles que você e eu estamos no escuro. É por essa razão que os ricos tinham que assumir o sistema educacional antes de inundar o mundo com dívidas. É por isso que as escolas não nos ensinam sobre o dinheiro.

Comentário

Ao ler isso, me lembrei do que Henry Ford disse sobre a Grande Depressão dos anos 1930 e parafraseio: ele estava receoso de que a depressão não durasse o suficiente, já que as pessoas não teriam tido tempo suficiente para aprender com ela.

kuujuarapik

Nova Regra do Dinheiro 2: Aprenda a usar a dívida

Muitas pessoas ensinam que as dívidas são ruins, até mesmo malignas. Elas apregoam que o sensato é pagar todas as dívidas e ficar longe delas. Até certo ponto, elas estão corretas. Existem dívidas boas e dívidas ruins. É aconselhável pagar as dívidas ruins – ou não entrar em dívidas ruins, para começar. Resumindo, dívidas ruins tiram dinheiro de seu bolso e dívidas boas colocam dinheiro em seu bolso. Um cartão de crédito é uma dívida ruim porque as pessoas usam o cartão para comprar coisas que se depreciam, como televisões de telas imensas. Um empréstimo para um imóvel que rende um bom aluguel é uma dívida boa se a renda que você recebe cobre o pagamento da dívida e coloca dinheiro em seu bolso.

As pessoas que apregoam os malefícios das dívidas não compreendem que elas são essenciais para a economia de um país. Se isso é bom ou ruim é questionável. O que não é discutível é que sem dívida a economia inteira seria destruída. É por isso que o governo emite um número incontável de títulos – para financiar dívidas. É por isso que está se endividando como nunca na história. O maior medo de um governo é a deflação, e uma forma de combater a deflação é por inflação. Uma forma de criar inflação é por dívida. Se você e eu pararmos de nos endividar e os bancos pararem de emprestar haverá um *crash* e, provavelmente, recessão.

A razão para que um congelamento longo de crédito nos conduzisse a uma recessão é a economia, hoje, crescer quando você e eu nos endividamos, não pela produção de mercadorias. Em 2003, o presidente Bush disse: "É de nosso maior interesse que mais e mais pessoas possuam suas casas próprias." Obviamente, ele estava encorajando a propriedade porque ele queria que as pessoas se endividassem para salvar a economia. Hoje, quando os bancos executam uma dívida, eles não estão interessados na propriedade. Casas não são ativos. Você é o ativo – ou melhor, sua habilidade em pagar os juros do empréstimo daquele ativo.

Nova Regra do Dinheiro 3: Aprenda a controlar o fluxo de caixa

Se você quer ter segurança financeira e possivelmente ser rico, você precisa saber controlar seu fluxo de caixa, assim como monitorar o fluxo global de empregos, pessoas e dinheiro.

Dinheiro corrediço

A razão pela qual escrevi anteriormente sobre a vendedora de frutas no Vietnã foi para enfatizar a relação entre dinheiro e fuga durante crises econômicas. Em 2 de março de 2009, o índice da Bolsa de Valores de Nova York, o Dow Jones, caiu de 14.164 pontos, em 9 de outubro de 2007, o ponto mais alto até então, para 6.763. Em termos muito simplistas, isso significava que o dinheiro estava *fugindo* do mercado acionário, assim como a vendedora de frutas estava *fugindo* da conversão de piastras e dólares para o ouro. A questão é saber para onde está *correndo* o dinheiro quando ele foge de algum lugar.

A expressão mais importante no mundo das empresas e dos investimentos é fluxo de caixa (*cash flow*). Uma das coisas mais importante que meu Pai Rico me ensinou foi controlar meu fluxo de caixa e monitorar o fluxo de caixa do mundo. Ele me ensinou a controlar o fluxo de caixa global ao observar três coisas:

1. Empregos. Durante muitos anos os empregos estão *correndo* para o exterior. Nos Estados Unidos, hoje, os empregos saem de Detroit enquanto a General Motors colapsa. Isso significa que a economia de Detroit está minguando.

2. Pessoas. Assim como aquela mulher vietnamita está fugindo, as pessoas hoje estão *correndo* para outros lugares. Elas vão para cidades onde haja emprego. Gosto de investir em mercados para onde as pessoas estão indo e não naqueles dos quais elas estão fugindo.

3. Dinheiro. Aquela mulher vietnamita queria dinheiro que fosse global. Por isso ela trocou seus dólares e piastras por ouro. O mesmo está acontecendo hoje.

Dívida, dinheiro e fluxo de caixa

Aprender sobre a utilização de dívidas é uma das maiores habilidades que uma pessoa pode conquistar. E uma lição importante é que essa dívida é tão boa apenas quanto seu fluxo de caixa. Se eu comandasse o sistema educacional, ensinaria aos estudantes a diferença entre dívida boa e dívida ruim e a usar as dívidas boas apenas para fazer o dinheiro fluir *para* a sua conta corrente e não *de* sua conta corrente. Para usar dívida boa efetivamente, é preciso QI financeiro. Dado que nosso dinheiro é dívida agora, ensinar as pessoas a usar o endividamento sabiamente faria a economia se fortalecer.

Em *Pai Rico: Desenvolva sua inteligência financeira* (Campus/Elsevier, 2008), explico os detalhes de como usar dívidas com poucos riscos e altos retornos. Mesmo com o colapso econômico hoje, meus investimentos feitos com dívidas continuam a me trazer fluxo de caixa positivo. Uma razão para meus investimentos continuarem fortes é meus parceiros e eu comprarmos casas onde há empregos – em áreas para onde as pessoas estão se mudando e para onde o dinheiro esteja fluindo. Em termos simples, o mercado imobiliário não vale muito onde não há empregos, já que os empregos atraem pessoas; se há pessoas indo, o dinheiro também vai.

Esperança versus *Educação*

Em vez de esperar que o presidente Obama salve o mundo, acredito que é mais inteligente se tornar mais esperto com relação ao dinheiro. Dado que a primeira nova regra do dinheiro é *Conhecimento é a nova moeda,* isso deve incluir o uso da dívida e o controle de seu fluxo de caixa, assim como monitorar o fluxo de empregos, pessoas e dinheiro ao redor do mundo.

Conclusão

Por fim, lembre-se de que o banco nunca quebra – mas você e eu podemos quebrar. Mas eis aqui as boas notícias – o banco pode imprimir sua moeda e você e eu também podemos. Nos capítulos finais, mostrarei a você como imprimo meu próprio dinheiro ao usar minha inteligência financeira, muitas vezes com o uso da dívida e ao controlar meu fluxo de caixa.

Capítulo 4

A conspiração contra nossa riqueza

Você está preparado para uma possível recessão?

Pergunta: Quantos anos durou a Grande Depressão?

A.25
B. 4
C.16
D. 7

A resposta para essa pergunta depende do ângulo que você a examina. Se você usar o mercado acionário como medida, a última depressão terá durado 25 anos. Em setembro de 1929, o índice Dow Jones atingiu o pico de 381. Em 8 de julho de 1932, o mercado havia perdido 89% de seu valor, afundando para 41 pontos. Foram necessários 25 anos, de 1929 a 1954, para o Dow ultrapassar o pico que atingira, de 381 pontos.

Em 10 de março de 2009, o Dow subiu, em apenas um dia, 379 pontos, para 6.926 – quase a mesma pontuação que ganhara de 1932 a 1954. Wall Street celebrou mesmo tendo sido anunciado, uma semana antes, que os Estados Unidos haviam perdido 650 mil postos de trabalho em fevereiro.

Mesmo em meio ao recente otimismo do mercado, o espectro de uma possível depressão ainda ameaça o mundo financeiro. Não sou tão otimista sobre uma recuperação no curto prazo das economias americana e global. Não me interprete mal. *Não* estou esperando por uma depressão. Longe disso. Ninguém em seu juízo perfeito desejaria outra Grande Depressão. Mas se a recessão atual se transformar em uma depressão, é melhor estarmos preparados agora, porque nem todas as depressões são parecidas e nem todas as depressões são depressivas.

A experiência dos ricos e dos pobres na Depressão

Tanto meu Pai Rico quanto meu Pai Pobre estavam no ensino fundamental quando começou a Grande Depressão. Essa experiência afetou o curso de suas vidas para sempre. Um dos pais se tornou muito rico com as lições aprendidas durante a depressão. O outro permaneceu pobre e foi financeiramente medroso pelo resto da vida.

A DEPRESSÃO DOS POBRES

O pai do meu Pai Pobre – meu avô – perdeu tudo que tinha na Grande Depressão. Perdeu sua empresa e também sua inestimável casa de frente para o mar na ilha de Mauí, no Havaí. Meu avô era um empreendedor, assim, não tinha um salário fixo para proteger a família. Quando os negócios dele afundaram, a família de meu pai perdeu quase tudo o que tinha. A Grande Depressão foi uma experiência terrível para meu pai.

A situação de privação da Grande Depressão fez meu Pai Pobre adotar a ideia de ter segurança no trabalho, poupar dinheiro, comprar uma casa, ficar fora de dívidas e garantir uma aposentadoria de funcionário público. Ele não quis ser um empreendedor. Ele não acreditava em investimentos porque vira seu pai perder tudo nos mercados acionário e imobiliário. Meu pai se apegou a esses valores pelo resto da vida. Para meu Pai Pobre, *segurança* era mais importante do que *riqueza*. Suas memórias da última depressão nunca se apagaram.

> **Comentário**
>
> ***Minha avó, que era adulta durante a Grande Depressão, reusava ou reaproveitava tudo, inclusive toalhas de papel, que ela enxaguava e colocava para secar, como panos de prato, e as reusava até que se desmanchassem. Nas raras ocasiões em que ia a um restaurante, guardava em sua bolsa os pães e as manteigas que sobravam. Aquilo seria o café da manhã do dia seguinte!***
>
> **Rromatowski**

A DEPRESSÃO DOS RICOS

A família de meu Pai Rico enfrentou dificuldades financeiras antes mesmo da Grande Depressão. O pai dele adoecera anos antes e morreu pouco depois do início da depressão. Muito jovem, meu Pai Rico se tornou o homem da casa e o único provedor. Por ser tão jovem, sem qualificações e com poucos empregos disponíveis em um mercado em crise, a Grande

Depressão forçou meu Pai Rico a se transformar em empreendedor ainda adolescente. Ele assumiu a loja da família e a fez crescer.

Embora sua família estivesse em sofrimento financeiro, meu Pai Rico não pediu ajuda ao governo. Não pediu por assistência social. A depressão o fez crescer mais rápido e aprender a prosperar. As lições da depressão o transformaram em um homem rico.

Socialistas versus *Capitalistas*

Meu Pai Pobre se tornou *socialista* quando cresceu. Ele tinha educação formal (*school-smart*), mas não a malícia da vida real (*street-smart*). Ele acreditava piamente que o governo deveria tomar conta da vida das pessoas.

Meu Pai Rico se tornou *capitalista* ao crescer. Ele não terminou a escola, mas tinha imenso conhecimento dos meandros da vida real (*street-smarts*). Ele acreditava na construção de empresas que fornecessem renda constante para os trabalhadores e suas famílias. Ele acreditava que as pessoas deveriam aprender a tomar conta de si próprias. Sendo um capitalista, ele acreditava em ensinar as pessoas a pescar.

O socialismo assumindo o controle

O socialismo assumiu o controle durante a última depressão. Programas assistenciais vultosos foram criados. Em vez de ensinar as pessoas a pescar, nós lhes damos peixes. Se os Estados Unidos fossem verdadeiramente capitalistas, deixaríamos a economia cair e não colocaríamos escoras com um *bailout* atrás do outro. Mercados em queda, quebras e depressões são a forma de a economia apertar o botão de *reset* (reinicializar). Recessões e depressões corrigem os erros cometidos e revelam os crimes feitos durante o *boom*.

Hoje, em vez de apertar *reset*, distribuímos trilhões de dólares para os incompetentes, fraudadores e obsoletos. O mercado em baixa existe para limpar os deslizes, os embustes e a ineficiência que proliferam nos mercados em alta. Em vez de deixar o mercado em baixa fazer seu trabalho, deixamos o governo pagar bilhões de dólares em *bailouts* para banqueiros que encharcaram o mundo com dívidas fraudulentas, quando deveríamos mandá-los para a cadeia. Empresas como a General Motors, que ficaram imensas e indolentes para competir em tempos ruins, são salvas da bancarrota. Executivos que demitem pessoas aos milhares recebem bônus generosos em dinheiro e paraquedas de ouro, mesmo ao encolherem empresas que deveriam fazer prosperar. E quando os preços das ações dessas empresas caem, são os investidores que perdem seu dinheiro.

Isso *não* é capitalismo. O *bailout* do governo é socialismo – para os ricos. Em muitas maneiras, é muito pior do que o marxismo ou comunismo, porque nesses sistemas, ao menos, se tem a ilusão de que é para o povo. Tais sistemas, no mínimo, apregoam a redistribuição de dinheiro dos ricos para os pobres, mesmo que eles não coloquem isso em prática. Os *bailouts* tiram dinheiro dos pobres na forma de imposto e dão aos ricos. Não estou acusando o presidente Obama. Esse assalto vem acontecendo há muitos anos. Tornou-se prática, para os muitos ricos, usar o governo para tirar dos pobres e da classe média e dar aos ricos. Hoje, tornou-se hábito taxar aqueles que produzem e recompensar os preguiçosos, os desonestos e os incompetentes.

A história se repete

Diz-se que uma depressão acontece a cada 75 anos. Se isso fosse verdade, então a depressão que se aproxima deveria ter começado em 2005. Uma das razões pelas quais é difícil apontar a ocorrência de uma depressão é não haver uma definição real para *depressão.* Os economistas apenas definem *recessões.*

Uma das razões para que talvez não tenhamos entrado em recessão antes foi que o Federal Reserve e o governo americano manipularam a emissão de moeda para manter a economia à tona. Eles estão fazendo a mesma coisa hoje. Se fizerem um bom trabalho, a economia será salva. Se falharem, esse fracasso conduzirá à depressão.

Melhores definições

Foi necessário um ano para que os economistas finalmente declarassem, em 2008, que estávamos em uma recessão. Durante esse ano, Lehman Brothers faliu, o mercado acionário passou por um *crash* de grandes proporções, os grandes bancos aceitaram bilhões de dólares de socorro financeiro, fabricantes de automóveis faliram, pessoas perderam suas casas, seus trabalhos. Apesar de todas as más notícias, foi preciso um ano inteiro para que os economistas compreendessem que estávamos em uma recessão. Fico imaginando quanto tempo será necessário para que eles declarem uma depressão. Obviamente, precisamos de melhores definições para recessão e depressão – ou, pelo menos, melhores economistas! Pessoalmente, tenho definições bem simples para *recessão* e *depressão.* Cito um velho ditado: *se seu vizinho perder seu emprego, estamos em uma recessão. Se eu perder meu emprego, então estamos em uma depressão.*

Em 2008, mais de 2 milhões de americanos haviam perdido seus empregos. Apenas em fevereiro de 2009, mais de 651 mil empregos se perderam.

A depressão que nunca acabou

Olhando 75 anos para trás, pode-se argumentar que a Grande Depressão nunca acabou. Muitos dos problemas financeiros que enfrentamos hoje resultam de questões da última depressão que nunca foram resolvidas. Os problemas foram empurrados para a frente, para a nossa geração; por exemplo, a criação do Social Security, em 1933, e o fato de que 75 milhões de pessoas começarem a se aposentar em 2008, explodindo o programa do governo. Uma solução criada para combater a última depressão transformou-se em megaproblema hoje. A criação do Social Security levou à criação do Medicare e do Medicaid, que são problemas financeiros cinco vezes maiores do que os do Social Security. A criação da Federal Housing Administration conduziu à criação da Freddie Mac e da Fannie Mae, e essas duas agências estão no centro da confusão do *subprime* de hoje. Em outras palavras, pensando bem, a última depressão nunca acabou; as soluções socialistas criadas para mantê-la em xeque apenas a tornou mais cara, mais perigosa e maior.

Dois tipos de depressão

Ao longo da história tem havido dois tipos básicos de depressão:

1. Depressões causadas por *deflação*
2. Depressões causadas por *inflação*

A última depressão nos Estados Unidos foi causada pela deflação. De modo inverso, a última depressão da Alemanha foi causada por inflação.

Mesma depressão, dinheiro diferente

Uma das razões para que a depressão americana seja causada por *deflação* foi o dólar americano ainda carregar valor real. Era dinheiro lastreado em ouro e prata: recibo de dinheiro. Recibo de dinheiro era basicamente uma nota promissória para o ouro ou prata supostamente guardados no cofre do Tesouro americano.

Após o *crash* de 1929, o medo se espalhou, os americanos se agarraram a seus dólares, a economia murchou, empresas fecharam, as pessoas perderam seus empregos e a depressão se estabeleceu. O governo não imprimiu dinheiro para resolver seus problemas porque era tecnicamente ilegal – embora o governo tenha passado por cima de algumas regras. Os poupadores foram vencedores porque, nesse caso, o dinheiro era escasso e ainda tinha valor tangível. A depressão foi causada por deflação.

A razão para a depressão alemã foi a *inflação,* pois o dinheiro alemão não era mais dinheiro real. Era dinheiro de Banco Imobiliário. Dívidas do governo – *fiat money* – criadas do nada.

Dado que o marco alemão era dinheiro de Banco Imobiliário – um pedaço de papel com tinta por cima, lastreado por nada – o governo alemão manteve as impressoras funcionando. Era a forma de o governo alemão resolver seus problemas financeiros. Os poupadores eram perdedores porque o dinheiro valia cada vez menos conforme era bombeado na economia. A depressão foi provocada pela *inflação.*

Há uma história sobre uma mulher que levou um carrinho de mão cheio de dinheiro para uma padaria apenas para comprar pão. Quando ela saiu da padaria, descobriu que seu carrinho de mão havia sido roubado, mas os ladrões despejaram o dinheiro no chão, sem se preocupar em levá-lo. Essa história cômica ilustra os efeitos devastadores da hiperinflação.

Preparando-se para a próxima depressão

Então, a pergunta é: Se há uma depressão a caminho, você acha que ela será igual à depressão americana ou à depressão alemã? Na próxima depressão o caixa será rei ou será lixo?

PREPARANDO-SE PARA UMA DEPRESSÃO DO TIPO DA AMERICANA

A maioria das pessoas está se preparando para a repetição de uma depressão do estilo da americana. Essas pessoas se sentem seguras ao manter suas economias, recebendo um cheque de aposentadoria do fundo de pensão da empresa para a qual trabalharam e um cheque da previdência social do governo, reduzindo suas dívidas e vivendo uma vida mais simples.

Ainda que essas pessoas estejam bem preparadas para uma depressão do tipo americano, elas seriam totalmente arrasadas se ocorresse uma depressão do tipo alemão. Muitos administradores de fundos se sentem espertos hoje porque conseguiram sair do mercado a tempo e agora estão cheios de dinheiro. Mas o que acontecerá se a depressão que está no horizonte for do tipo da germânica? O caixa ainda será rei?

PREPARANDO-SE PARA UMA DEPRESSÃO DO TIPO GERMÂNICA

Algumas poucas pessoas estão se preparando para uma depressão do tipo germânica. Essas pessoas estão acumulando moedas de ouro e prata, algum dinheiro e investimentos que se ajustam à inflação. Exemplos de tais investimentos são petróleo, alimentos, ações de ouro e prata e habitações patrocinadas pelo governo.

O que vemos no horizonte?

Pessoalmente, vejo uma depressão do tipo alemã – não americana. Algumas razões para afirmar isso:

1. O efeito Warburg. Um dos primeiros fundadores do Federal Reserve foi Paul Warburg, que representou as famílias europeias dos Rothschild e dos Warburg. Ele era um dos membros da M.M. Warburg, que tinha escritórios na Alemanhã e na Holanda. Seu irmão, Max Warburg, era o conselheiro financeiro do kaiser antes da Segunda Guerra Mundial e foi diretor do Reishbank da Alemanha. Ambos os Warburg eram antiouro. Eram a favor de um suprimento monetário elástico que pudesse ser expandido ou contraído para acomodar as necessidades das empresas. Eles eram a favor do dinheiro *fiat*. Naturalmente, isso geralmente leva à inflação, que é um imposto silencioso sobre a classe média e os poupadores. O resultado devastador da filosofia monetária dos Warburg foi historicamente demonstrado na Alemanha. Max, um homem judeu, fugiu da Alemanha em 1938 – mas apenas depois que a hiperinflação já havia se estabelecido. A filosofia dos irmãos sobre a moeda corrente está sendo aplicada na América de hoje, quando o Fed bombeia trilhões de dólares na economia.

É importante observar que antes de 1913 não havia imposto sobre a renda nos Estados Unidos. O imposto sobre a renda foi estabelecido para prover o governo com dinheiro suficiente para pagar as taxas de juros que se devia ao Federal Reserve. Assim, em essência, o Fed é responsável tanto pelo imposto silencioso da inflação quanto pelo imposto não oculto sobre a renda que tira dinheiro dos nossos bolsos e coloca no bolso dos ricos.

2. Imprimindo nossa saída das dívidas. O *crash* de 1929 foi disparado pela compra de ações na margem (emprestar para comprar). O *crash* de 2007 foi disparado pela compra de imóveis na margem. A principal diferença, entretanto, como já dissemos anteriormente, é que o governo americano não podia imprimir moeda em 1929 porque o dólar estava atrelado ao ouro. Hoje o dólar é uma moeda que flutua livremente atrelada a absolutamente nada a não ser à boa fé e ao crédito do governo dos Estados Unidos. Agora que o governo tem a autoridade de imprimir dívidas a seu bel-prazer, o que você acha que fará?

3. Ouro de Tolo. Roosevelt pediu ao público americano para entregar seu ouro, em 1933, pelo qual foram pagos $20,22 a onça em recibos. Então, o preço da onça subiu para $35, ou seja, para cada onça que foi entregue a $20,22, o público foi roubado em cerca de $15. Um assalto de 58%. Se alguém fosse pego carregando moedas de ouro, a punição seria de uma multa de $10 mil e 10 anos de cadeia. Uma razão para isso era acostumar o público mundial ao uso exclusivo de moeda corrente. Outra razão era esconder do público o fato de que os Estados Unidos haviam imprimido dólar em papel em excesso e não tinham ouro em reserva suficiente para assegurá-lo – em outras palavras o governo dos Estados Unidos estava quebrado.

Só em 1975, o presidente Gerald Ford permitiu que as pessoas voltassem a possuir ouro – somente depois que Nixon cortou permanentemente a ligação entre dólar e ouro. Quem se importa com ouro quando aqueles que controlam nossos governos e nossos bancos podem imprimir papel-moeda a seu bel-prazer?

Hoje, as pessoas estão muito acostumadas ao papel-moeda. A maioria delas sequer sabe *onde* adquirir moedas de ouro e prata e, principalmente, não sabem *quando*. Tudo que elas conseguem enxergar são empregos desaparecendo, preços das casas despencando e o dinheiro da aposentadoria desaparecendo. Muitos desesperadamente querem o dinheiro do *bailout* do governo, o que provavelmente significa que, sem saber, estão preferindo a hiperinflação à deflação.

4. Um mundo de moedas de carrinhos de mão. Em 1944, o encontro de Bretton Woods criou o Banco Mundial e o Fundo Monetário Internacional. Essas agências são extensões do Federal Reserve e de outros bancos centrais europeus. O FMI e o Banco Mundial exigiram que os bancos do mundo trocassem seu dinheiro por moeda *fiat,* moeda não lastreada por ouro e prata, similar à moeda corrente da Alemanha da pré-Segunda Guerra Mundial. Em outras palavras, os Estados Unidos, o FMI e o Banco Mundial começaram a exportar o modelo de sistema monetário do tipo alemão, dinheiro de carrinho de mão, para o mundo.

Até 1971, o dólar americano era a principal moeda utilizada pelo FMI. Dado que o dólar era resgatável a $35 por onça, a quantidade de dinheiro internacional que podia ser criada era muito limitada. Para operar como um verdadeiro banco central, o FMI precisava ser capaz de imprimir quantidades ilimitadas de dinheiro de mentira. Assim, em 1971, o dólar se tornou verdadeiramente o dinheiro de Banco Imobiliário do mundo.

O dinheiro do mundo é dinheiro de carrinho de mão

Hoje, todas as principais moedas do mundo são basicamente dinheiro de Banco Imobiliário – dinheiro de carrinho de mão. Então, de novo, precisamos perguntar a nós mesmos: A próxima depressão será do tipo deflacionário dos Estados UNidos ou do tipo hiperinflacionário da Alemanha?

Nota de Robert

Atualmente, o Fed e o Tesouro americano estão tentando controlar a deflação. A deflação é muito pior do que a inflação e muito mais difícil de ser estancada. É por isso que estamos vendo pacotes de estímulo e de salvação. Se essas táticas forem bem-sucedidas, voltaremos à economia inflacionária. Mas, e esse é um mas enorme, se isso não funcionar, haverá ainda mais impressão maciça de dinheiro e isso nos conduzirá à hiperinflação. Isso aconteceu recentemente com o Zimbábue, onde era necessário 1 bilhão de dólares zimbabuanos para comprar três ovos. Se o impensável acontecer e os Estados Unidos entrarem em uma hiperinflação, será a morte do dólar. Se isso acontecer, a economia do mundo entrará em colapso. Isso é o que os nossos líderes mais temem acima de qualquer outra coisa.

O primeiro passo para se preparar para uma depressão é saber sua história, checar os fatos, olhar para o futuro e tomar uma decisão. Você escolhe o caminho do meu Pai Pobre ou do meu Pai Rico? Hoje, com tempos ruins, mantenho em mente que meu Pai Rico ficou ainda mais rico e meu Pai Pobre permaneceu pobre, ambos influenciados pela mesma depressão.

Comentário

Nesse momento o caixa ainda é rei porque o restante das moedas correntes do mundo ainda estão atreladas ao dólar. À medida que o Fed continue a imprimir moeda, o dólar se tornará menos e menos atraente como moeda de reserva. Então, os outros países procurarão desatrelar suas moedas do dólar e atrelá-las a alguma coisa mais estável como o ouro (talvez). Aí, então, os Estados Unidos experimentarão a hiperinflação.

deborahclark

Exportando dívidas

Pode ser que não haja depressão. Pode ser que o presidente Obama tenha o poder de unificar o mundo e que o mundo consiga imprimir moeda do nada para sempre. Talvez os países continuem aceitando a principal exportação dos Estados Unidos – dívidas – como pagamento por suas mercadorias e serviços. Conquanto o mundo esteja disposto a aceitar a dívida, os títulos americanos (*T-Bills*), a roda do carrossel continuará a girar. Mas se o mundo parar de aceitar o dólar americano, a música parará e a depressão que se seguir será muito maior do que a última.

Nova Regra do Dinheiro 4: Prepare-se para tempos ruins e terá apenas tempos bons

Quando eu frequentava a Escola Dominical, me contaram uma história sobre o faraó do Egito que havia tido um sonho perturbador. Em seu sonho, ele viu sete vacas gordas serem devoradas por sete vacas magras. Perturbado, ele buscou alguém que pudesse interpretar seu sonho. Finalmente soube, por um jovem escravo, a interpretação de que haveria sete anos de abundância seguidos de sete anos de fome. O faraó imediatamente começou a se preparar para os sete anos de fome e, assim, o

Egito se tornou uma nação poderosa, que alimentou aquela região do mundo.

Em 1983, após *Grunch of Giants*, do Dr. Fuller, comecei a me preparar para a crise financeira atual. Hoje, minha esposa e eu, nossa empresa e nossos investimentos prosperam porque sempre nos preparamos para os tempos ruins. É por isso que a nova regra 4 do dinheiro é *Prepare-se para tempos ruins e terá apenas tempos bons.*

Apenas tempos bons

Minha geração – os *baby boomers* – e seus filhos apenas conheceram o maior *boom* econômico da história. Eles não sabem o que é depressão. A maior parte deles só conheceu tempos bons. Eles foram abençoados por terem nascido em meio a um *boom* econômico maciço que começou em 1971, quando quase todo dinheiro do mundo se tornou dinheiro de Banco Imobiliário. Muitas pessoas da minha geração fizeram carrinhos e carrinhos cheios de dinheiro. Após o *crash* de 2007, muitos perderam seus carrinhos de dinheiro. Mas, pior do que estarem sem dinheiro, eles talvez estejam sem tempo.

Temo que minha geração e seus filhos não estejam preparados para o declínio financeiro, a depressão que pode estar vindo. Se uma pessoa apenas conheceu uma economia *em expansão,* pode não estar preparada para viver em uma *economia deflacionária ou hiperinflacionária.*

Um bom exercício é encontrar alguém que tenha vivido a última depressão e levá-la para almoçar. Almocei com sobreviventes das duas depressões, a americana e a alemã. É uma boa forma de se preparar para a próxima depressão.

Capítulo 5

A conspiração contra nossa inteligência financeira

A melhor maneira de roubar um banco

Questão: *Qual é a diferença entre um banqueiro e Jesse James?*
Resposta: *Jesse James roubava bancos do lado de fora. Banqueiros roubam bancos do lado de dentro.*

Questão: *Qual é a melhor maneira de roubar um banco?*
Resposta: *A melhor maneira de roubar um banco é ser dono de um.*

Willian Crawford, responsável pelo
California Department of Savings and Loans

As pessoas são inteligentes

Assim como as pessoas, o dinheiro também evolui. Uma das razões pelas quais tantas pessoas estão enfrentando problemas financeiros hoje é o dinheiro ter evoluído e nós, não. Uma das razões pelas quais não evoluímos é existir uma conspiração contra nossa inteligência financeira. Nossa evolução foi impedida de se desenvolver.

A maioria das pessoas é ativa quando se trata de dinheiro. Até mesmo um menino de 5 anos sabe a diferença entre uma nota de $5 e outra de $50. Se oferecermos uma nota de $5 e outra de $50, quase todas as criança pegarão a de $50.

Para diminuir nossa habilidade financeira, tivemos que ser financeiramente imbecilizados. Isso foi conseguido por meio do sistema bancário, um sistema complexo e confuso em que o dinheiro é criado. O sistema financeiro moderno, em muitas maneiras, não faz o menor sentido. Como se pode, por exemplo, criar trilhões de dólares do nada?

Comentário

Quantas vezes já lhe pediram para assinar "aqui, aqui e aqui" sem que você olhe os detalhes do que está assinando ou com apenas uma breve explicação da parte de quem está lhe pedindo para assinar? Essa prática muitas vezes é explicada como sendo algo para tornar as coisas mais simples para os clientes; entretanto, na maioria das vezes, estão mesmo nos fazendo de "simplórios".

dafirebreather

Contos de fadas financeiros

Quando criança, eu acreditava em contos de fadas; mas quando estava com 7 ou 8 anos, eu já sabia que contos de fadas eram apenas para criancinhas pequenas. Assim, quando o presidente dos Estados Unidos nos pediu para acreditar em *esperança* ao mesmo tempo em que o Federal Reserve estava imprimindo trilhões de dólares do nada, comecei a imaginar se os líderes esperam que as pessoas acreditem em galinha dos ovos de ouro, criando riqueza do nada. Vamos esperar que nossa história não termine do jeito que terminou a da galinha dos ovos de ouro.

Show de mágica

Quando criança, eu também acreditava em mágica. Um dia aprendi que não havia tal coisa – apenas truques, habilidades manuais. Infelizmente, é exatamente assim que o dinheiro é criado hoje – por um truque de mágica. O Tesouro emite um título, o Federal Reserve escreve um cheque mágico pelo título, que é depositado em um banco comercial, que depois escreve cheques para os bancos menores.

Mas essa não é a sacola inteira dos truques de mágica. A mágica de verdade é que o suprimento de dinheiro aumenta em cada banco. Para cada centavo que o banco recebe, ele pode, na verdade, imprimir ainda mais dinheiro graças ao truque de magia chamado *sistema fracionário de reservas*, que discutiremos mais à frente, ainda neste capítulo. Todos os bancos podem tentar esse truque. Tudo que um banco precisa fazer é encontrar pessoas como você e eu, que estão desesperadas por dinheiro e desejosas de desperdiçar suas vidas ao assinar um empréstimo de dinheiro mágico – e quanto mais desesperado você está, mais alta é a taxa de juros.

Todos os bancos, pequenos ou grandes, recebem essa licença para criar dinheiro. Você não precisa de máscaras para roubar um banco. Tudo que precisa é ser dono de um.

As pessoas têm extrema dificuldade para entender o dinheiro hoje. Se você é um trabalhador honesto, diligente, provavelmente não faz o menor sentido para você como os bancos criam dinheiro mágico. A conspiração dos ricos diminui nossa inteligência financeira utilizando-se de um sistema financeiro que pessoas honestas não compreendem. Possuir um banco não é apenas uma licença para criar dinheiro – também é uma licença para roubar dinheiro, legalmente.

Não estou chamando as pessoas que trabalham em seu banco de larápias. A maioria é honesta e não tem a menor ideia de como essa roubalheira acontece. Muitas delas não têm consciência de como são usadas para roubar as riquezas de seus clientes. Elas não são nada diferentes de um planejador financeiro ou um corretor imobiliário que estende a mão, dizendo: "Como posso ajudá-lo?" A maior parte dos que trabalham em banco está fazendo seu trabalho, ganhando seu sustento, como a maioria de nós. É o sistema de criação de *dinheiro* que rouba nossa riqueza. O mesmo sistema que também torna algumas pessoas muito ricas.

A evolução do dinheiro

O dinheiro evolui à medida que os seres humanos se tornam mais sofisticados e passam a requerer maneiras mais sofisticadas de efetuar negócios.

1. Escambo. Um dos primeiros sistemas monetários foi o escambo. Escambo é a troca de um produto ou serviço por outros produtos ou serviços. Se, por exemplo, um fazendeiro tem uma galinha e precisa de sapatos, ele pode trocar sua galinha por sapatos. O problema óbvio com esse sistema é que é lento, tedioso e cansativo. É difícil medir os valores relativos. Se o sapateiro não quiser a galinha, por exemplo? Ou, se quiser, quantas galinhas, na verdade, valem seus sapatos? Um meio mais rápido, mais eficiente de troca tornou-se necessário, por isso a evolução do dinheiro.

Se a economia continuar a derrapar e o dinheiro continuar apertado, você verá o escambo crescer. Uma coisa boa sobre o escambo é que é difícil para o governo taxar essa atividade. A receita federal não aceita galinhas como pagamento.

2. Commodities. Para acelerar o processo de troca, grupos de pessoas passaram a concordar com itens tangíveis que *representassem* valor. Conchas foram algumas das primeiras formas de dinheiro em mercadoria. Assim como foram pedras, pérolas, contas, gato, cabras, ouro e prata. Em vez de trocar galinhas por sapatos, o criador de galinhas pagaria o sapateiro com apenas seis pedras coloridas. O uso de mercadorias acelerou o processo de troca. Mais negócios podiam ser feitos em menos tempo.

Hoje, o ouro e a prata continuam sendo as mercadorias internacionalmente aceitas como dinheiro. Essa foi a lição que aprendi no Vietnã. O papel-moeda era *nacional,* mas ouro era *internacional,* aceito como dinheiro até mesmo atrás das linhas inimigas.

3. Recibos de depósitos. Para manter os metais e pedras preciosas em segurança, as pessoas entregavam seu ouro, prata e pedras preciosas para pessoas em que elas confiavam. Essa pessoa emitia um recibo para a pessoa rica, como garantia para seus metais e pedras preciosas. Assim nasceram os bancos. Recibos de depósitos foram um dos primeiros derivativos financeiros.

Em tempos antigos, quando um mercador atravessava o deserto para chegar a outros mercados, ele não carregava ouro ou prata consigo por medo de assaltos ao longo do caminho. Ele carregava um *recibo, uma duplicata,* confirmando que havia um depósito de ouro, prata ou pedra preciosa em algum lugar. O recibo era um derivativo dos valores que ele possuía e que estavam guardados. Se ele comprasse produtos no caminho, poderia pagá-los com os recibos.

O vendedor pegaria o recibo e depositaria em seu banco. Em vez de transferir ouro, prata e pedras preciosas através do deserto para outro banco, os dois banqueiros, nas duas cidades, fariam a conciliação das duas contas entre comprador e vendedor com débitos e créditos contra recibos. Isso foi o início dos bancos e do sistema financeiro modernos. Mais uma vez, o dinheiro evoluiu e os negócios se aceleraram. Hoje, os recibos modernos são conhecidos como cheques, recibos de retiradas, transferências e cartões de débitos. O negócio central dos bancos foi mais bem descrito pelo terceiro Lord Rothschild como "facilitador do movimento do dinheiro de um ponto A, onde está, para um ponto B, onde é necessário".

4. Sistema de reservas fracionárias. À medida que a riqueza aumentava por meio das trocas, os cofres dos banqueiros começaram a ficar abarrotados de mercadorias preciosas, como ouro, prata e pedras preciosas. Logo os banqueiros perceberam que seus clientes faziam pouco uso dessas mercadorias.

Os recibos eram muito mais convenientes, seguros e fáceis de carregar. Para fazer mais dinheiro, os banqueiros começaram, além de estocar riqueza, a emprestar riqueza. Quando um cliente buscava dinheiro emprestado, eles emitiam um recibo com juros. Em outras palavras, eles perceberam que não precisavam de seu próprio dinheiro para fazer mais dinheiro. Os banqueiros começaram, efetivamente, a imprimir dinheiro.

O termo financeiro *em espécie* foi criado para quando se usava gado como colateral, garantia, para emprestar dinheiro do banqueiro. Se o gado do credor tivesse bezerros enquanto ele era usado como garantia, então eles pertenciam ao banqueiro, como parte do acordo.

Dado que os banqueiros fazem dinheiro com os pagamentos de juros, não demorou para que eles estivessem fazendo mais dinheiro com empréstimos do que com o dinheiro que armazenavam em seus cofres. Foi aí que o show de mágica começou. É assim que os banqueiros tiram seus coelhos das cartolas. Eles poderiam, por exemplo, ter mercadorias no valor de $1 mil no cofre, em ouro e prata, mas podiam emitir $2 mil em recibos em circulação baseados nos $1 mil em valores do cofre. Nesse caso eles criaram uma reserva fracionária de 2 para 1 – dois dólares em recibos para cada dólar em ouro, prata ou pedras preciosas em seu cofre. A quantidade de dinheiro no banco era apenas uma fração dos recibos em circulação. Os banqueiros coletavam juros sobre dinheiro que eles tecnicamente não possuíam. Se você ou eu fizéssemos isso, seríamos considerados fraudadores ou falsificadores – ainda assim, é perfeitamente legal para os bancos fazerem.

Com mais dinheiro em circulação, as pessoas se sentiam mais ricas. Não havia problema com essa expansão da base monetária conquanto que ninguém quisesse seu ouro, prata ou pedra preciosa de volta ao mesmo tempo. Nos termos modernos, você diria: "A economia cresceu porque o suprimento de dinheiro aumentou."

Antes dos bancos centrais, muitos pequenos bancos emitiam seu próprio dinheiro. Muitos deles explodiram quando ficaram gananciosos demais e começaram a emitir muito mais dinheiro fracionário do que possuem em reservas em seu cofre, e se tornaram incapazes de cobrir os pedidos de retiradas. Essa é uma das razões pelas quais foram criados o Banco da Inglaterra, o Federal Reserve e tantos outros. Eles queriam apenas uma forma de dinheiro – seu dinheiro – e queriam regular o sistema de reservas fracionárias. Por isso, a afirmação de Mayer Amschel Rothschild foi tão profética: "Me dê o controle da oferta monetária de uma nação e eu pouco me importarei com quem faz as leis."

Hoje, o presidente Obama está tentando resolver a crise financeira ao mudar ou exigir que se cumpram as regras. Mas, como disse Rothschild, a conspiração dos ricos não se importa com as regras. Tudo que os cartéis de bancos que controlam os bancos centrais do mundo realmente se importam é com os *bailouts* e os estímulos que os governos bombeiam nas economias combalidas. Tudo que os cartéis querem é o pagamento de *juros* daquele dinheiro, os trilhões do dinheiro mágico criado para os socorros e os programas de estímulo.

Eles estão roubando mais de uma geração de pessoas. Não importa se você concorde ou não com a ideia de uma conspiração, a realidade é que trilhões do dinheiro mágico, mais taxas de juros, terão que ser pagos pelas futuras gerações. Usamos dinheiro do futuro de nossos filhos para pagar por nossos erros.

5. *Fiat money*. Quando o governo retira o lastro ouro do dinheiro, nada mais é preciso em seus cofres, nem ouro, nem prata, nem pedras preciosas para criar dinheiro.

Tecnicamente, antes do final do lastro, o dinheiro era *um derivativo do ouro*. Após a suspensão da necessidade de lastro, o dinheiro se tornou *um derivativo de dívida*. Tirar o lastro ouro da moeda foi um assalto a banco de proporções inimagináveis.

Fiat money é dinheiro lastreado na boa fé e crédito do governo. Se alguém se intrometer com o jogo de Banco Imobiliário do governo e do banco central, o governo tem o poder de colocar aquela pessoa ou grupo na cadeia por fraude e falsificação. *Fiat money* significa que todas as contas a serem pagas ao governo, tais como impostos, precisam ser pagas na moeda corrente daquela nação. Você não pode pagar seus impostos com galinhas.

O assalto ao banco invisível

Dado que o dinheiro é invisível, um derivativo de dívida, os assaltos aos bancos pelos banqueiros se tornaram invisível. Isso quer dizer que a maioria das pessoas não consegue ver como seus bancos estão roubando seu dinheiro.

1. Sistema de reserva fracionária. Assumindo um limite de 12 para 1 de reservas (essa proporção muda dependendo das condições econômicas), quando você deposita $100 em seu banco, ele pode emprestar até $1.200 em empréstimos garantidos pelos $100 que você depositou. Quando isso acontece, seu dinheiro é diluído e a inflação aumenta.

Por exemplo, vemos que o banco paga a você juros de 5% ao ano, significando $5 por ano de juros em pagamentos. O banco, então, pode emprestar

$1.200 a taxas de 20% ao ano, gerando, para ele, $240 de pagamentos de juros. O banco roubou riqueza de você ao desvalorizar seu dinheiro por meio da reserva fracionária e fez $240 em taxas de juros baseado em seus $100. Você fez $5.

O sistema de reserva fracionária é a maneira moderna de assaltar que poucas pessoas conseguem enxergar porque cada um dos bancos cria dinheiro do nada à sua maneira. Quando o banco recebe seu dinheiro, ele diz: "Obrigado." Ele pode imprimir mais dinheiro mágico. Quando o banco empresta mais dinheiro do que você depositou, a oferta monetária se expande e a inflação aumenta.

2. Seguro de depósitos. Os seguros de depósitos protegem os bancos – não os poupadores. Nos Estados Unidos foi o criado o Federal Deposit Insurance Corporation (FDIC) para proteger as poupanças, mas o primeiro propósito era proteger os grandes bancos como Citigroup, Bank of America e JPMorgan Chase – os mesmos bancos que nos ajudaram a provocar a crise.

Quando os poupadores se alinham em massa para retirar seu dinheiro, dizemos que está ocorrendo uma corrida aos bancos. Esses fundos que garantem os depósitos, como o FDIC, existem para evitar tal corrida aos bancos. Na crise de 1980, os depósitos eram garantidos até $50 mil. Com o aumento dos problemas, esse seguro subiu para $100 mil.* Quando a crise financeira começou, em 2007, esse limite passou para $250 mil. Esses aumentos aconteceram para criar confiança de que, mesmo que um banco se torne insolvente, os depositantes não percam dinheiro. Mesmo com toda a crise recente, houve pouquíssimas corridas aos bancos nos Estados Unidos ou no mundo, e uma das razões é os poupadores se sentirem seguros de que os fundos de garantia irão protegê-los.

Ainda que esses fundos de garantia de depósito façam coisas boas, eles também protegem os bancos incompetentes, gananciosos e desonestos. Ao dar um senso de segurança – um escudo financeiro –, eles recompensam os bancos por assumirem mais e mais riscos com o dinheiro dos correntistas. Ainda que aleguem que os bancos associados é que pagam por seguro, a verdade é que não há dinheiro suficiente para cobrir as perdas de hoje, ao menos nos Estados Unidos – assim, o contribuinte tem que cobrir por eles, na forma de *bailouts*. A conta ficou conosco.

**Nota da Tradutora*: No Brasil, o Fundo Garantidor de Crédito, FGC, presta garantia de créditos contra instituições a ele associadas de R$60 mil por pessoa, por instituição financeira, além de outras limitações. Está aprovado pelo CMN que a garantia do seguro por correntista investidor de RDBs de bancos médios e pequenos passe de R$60 mil para R$20 milhões.

Nem todos os bancos são iguais

Os *bailouts* não são para todos os bancos. São geralmente reservados para os grandes bancos e grandes banqueiros com influência política – e para os bancos que assumiram riscos excessivos e, assim, têm maior chance de causar danos graves à economia, bancos que são *grandes demais para quebrar.*

Isso significa que os *bailouts* são apenas para os ricos. Se um grande banco como o Citi ou JPMorgan enfrentar problemas, os contribuintes pagam as contas. Isso significa que os limites dos seguros de depósitos (US$250 mil nos Estados Unidos, R$60 mil no Brasil) não se aplicam. Se um banco europeu possui milhões em depósitos ou um mexicano rico tem milhões em poupança, o dinheiro deles está 100% garantido. O contribuinte paga a conta.

Se você ou eu tivéssemos assumido os imensos riscos que os maiores bancos do mundo assumiram, perderíamos tudo. Não teríamos tábua de salvação. Em termos muito simples, o seguro de crédito é uma rede de fumaça que protege os maiores bancos. Se um grande banco for pego, o governo o salva.

Erros foram cometidos

Em 2009, o ex-presidente do Fed, Alan Greenspan, assumiu para o mundo que "erros haviam sido cometidos". O que ele não disse foi quem é que pagaria por eles. Claro, nós já sabemos.

Mais de $180 bilhões em dinheiro do contribuinte foi para a AIG. E, posteriormente, foi revelado que, desse dinheiro, $165 milhões foram usados para pagar bônus a executivos como gratificação por *perderem* dinheiro das pessoas.

Contudo, uma questão mais importante do que saber para quem foi pago esse dinheiro, é: Por que cargas-d'água uma companhia de seguros como a AIG recebeu dinheiro de *bailout? O bailout* não é reservado para bancos, para manter a liquidez financeira? O *The Wall Street Journal,* ao citar documentos confidenciais, anunciou que $50 bilhões do *bailout* da AIG foram para empresas como Goldman Sachs, Merril Lynch, Bank of America e um certo número de bancos europeus. Em outras palavras, a razão para a AIG receber dinheiro de *bailout* é dever muito dinheiro aos maiores bancos do mundo e não ter como pagar de volta.

De volta para o futuro

No Capítulo 1, citei as palavras do presidente Bush, reassegurando que tais coisas não mais aconteceriam. Hoje, você e eu sabemos que *essas coisas* voltaram a acontecer.

Meu ponto é: os assaltos dos grandes bancos requerem cobertura política e é por isso que os políticos têm sido lentos em reagir a esses acontecimentos. Em um sistema tão corrupto, como podemos acreditar em mudança?

Nova Regra do Dinheiro 5: A necessidade de ser veloz

No começo do capítulo falei sobre como o dinheiro evoluiu de escambo para dinheiro digital – dinheiro com a velocidade da luz. Hoje, uma das razões pelas quais tantas pessoas estão fazendo bilhões e outras continuam ganhando alguns trocados por hora trabalhada é a diferença na velocidade. Hoje, quanto mais rápido uma pessoa puder transacionar seus negócios, mais dinheiro poderá ganhar. Um médico, por exemplo, pode ver um paciente de cada vez. Um garoto no nível médio com uma Web global pode se relacionar com ilimitado número de clientes, 24 horas por dia, 7 dias da semana, e pode ganhar muito, muito mais dinheiro do que o médico. A diferença, sobre a qual falaremos a seguir, é que um tipo de trabalho é metafísico (*web business*), o outro é físico (médico). Um tipo de trabalho cria riqueza exponencial; o outro cria riqueza linear.

Muitas pessoas hoje estão com problemas financeiros porque são muito lentas – não podem fazer dinheiro mais rápido do que os bancos estão criando. Quando se trata de transações financeiras, a maioria das pessoas está na Idade da Pedra, sendo paga por hora, por mês ou por transação, trabalhando por comissão, como é o caso de corretores imobiliários. Aqueles que serão bem-sucedidos no futuro serão os empreendedores, que compreendem quão rápido os negócios e o dinheiro estão mudando, e aqueles que têm a habilidade e a flexibilidade de fazer mudanças rapidamente e se adaptar.

Hora de ir em frente

Aqui termina a Parte I, na Parte II, você aprenderá a agir em um mundo que está *florescendo* ou *explodindo.* Enquanto milhões de pessoas estão afundadas em dívidas, esperando que alguém venha salvá-las, algumas pessoas estão prosseguindo em seus caminhos, assim como este livro.

Agora que você sabe algumas causas históricas da crise, é hora de focar as soluções pessoais em vez de o que causou os problemas globais.

A Parte II abordará como vencer a conspiração em seu próprio jogo.

PARTE II

REVIDANDO

Vencer a conspiração em seu próprio jogo: Por que os vencedores estão vencendo e os perdedores estão perdendo

A importância da história e do futuro

Quando me perguntam: "O que você ensinaria às pessoas sobre dinheiro para aumentar sua inteligência e alfabetização financeira?", minha resposta é: "Eu começaria com história porque, pelas lentes do passado, é possível enxergar melhor o futuro." Se você não aprender nada mais na Parte I, aprenda apenas que, ao estudar a história, você pode se preparar para o futuro.

A Parte I mostrou como a história vem se repetindo nos dias de hoje. Como os ricos e poderosos têm manipulado nossas vidas por meio dos bancos centrais, das corporações multinacionais, das guerras, da educação e das políticas governamentais.

Ao longo do curso da história, as ações dos ricos e poderosos criaram ambos o bem e o mal. Não culpo os ricos por buscarem seus interesses ou o interesse de suas famílias. Em vez de responsabilizá-los, estudei a história dos ricos, aprendi seu jogo e vivi minha vida consciente das regras do dinheiro – e criei algumas de minhas próprias regras ao longo do caminho. A maioria das pessoas que conhece as regras do jogo dos ricos não está enfrentando problemas financeiros hoje. Em grande parte, são apenas aqueles que possuem pouca inteligência financeira e vivem pelas antigas regras do dinheiro que estão sofrendo financeiramente.

Na Parte I, quis também que você compreendesse que os bancos centrais muitas vezes protegem apenas os grandes bancos em nome da proteção da economia – bancos considerados *grandes demais para quebrar.* Na verdade, é minha crença que o Fed existe para proteger os bancos grandes e poderosos.

Você deve ter notado que o Fed salvou os bancos envolvidos na crise, mas não demitiu seus executivos – muitos dos quais foram instrumentais na criação da crise. Isso não é verdade para os outros setores que se arrebentaram na crise. Rick Wagoner, presidente da General Motors, foi demitido pela administração, mas não os cabeças dos grandes bancos. Por quê? O governo não foi atrás da Moody´s ou da Standard & Poors, as agências de classificação de riscos que deram nota máxima (AAA) para dívidas do *subprime*. Foram essas notas máximas que fizeram os governos estrangeiros e os fundos de pensão investirem dinheiro em ativos tóxicos. De novo, por quê? Somente depois de muita pressão do público a AIG, a gigante dos seguros que deu resguardo a ativos tóxicos, revelou para quem foram destinados os bilhões em dinheiro de *bailout* – para a Goldman Sachs, o banco francês Société Générale, o alemão Deustche Bank, o inglês Barclays, o suíço UBS, para a Merrill Lynch, o Bank of America, o Citigroup e o Wachovia.

No Capítulo 3, citei a palavra *apocalipse* e como ela deriva da palavra grega que significa "levantar o véu", revelar. O processo de escrever *Pai Rico: O segredo dos ricos* é incrível. Sou continuamente tomado de surpresa pelo fato de ao escrever sobre a história financeira, a história estar acontecendo, o véu continuar sendo levantado. Mais histórias são reveladas, mostrando que o negócio do Fed não é salvar os pobres e fracos, mas os ricos e fracos. Os pequenos bancos não receberam *bailout*. Nem os pequenos negócios. Nem as pessoas que pagaram em dia suas dívidas imobiliárias – mesmo à custa de outras contas.

A Parte I foi sobre história e como ela está se repetindo. Agora que você está equipado com o conhecimento da história necessário para ver o futuro com mais clareza, a Parte II focará o futuro e em como você pode se preparar para combater a conspiração em seu próprio jogo, ao lhe oferecer as novas regras do dinheiro que o ajudarão a florescer apesar da conspiração dos ricos.

A Parte II começa com o Capítulo 6, um breve comentário sobre a economia atual. Do Capítulo 7 em diante, mostrará como eu, pessoalmente, me preparei e estou me preparando para o futuro. Você aprenderá a vencer a conspiração em seu próprio jogo.

Comentário

Ao longo da história, algumas pessoas prosperaram em todo tipo de situação econômica. Se alguns puderam, então eu também posso. Você e alguns poucos escolheram dedicar suas vidas a liderar o caminho. Estou feliz por aprender com seu exemplo e planejo, em troca, ajudar tantas pessoas quanto puder.

deborahclark

Capítulo 6

Onde estamos

A economia voltará a ser o que era?

Hoje as pessoas se perguntam: "A crise acabou? A economia está voltando a ser o que era?"

Minha resposta é: "Não, a economia não está retornando ao que era. A economia está seguindo em frente, e as pessoas que estão perguntando se ela está voltando ao que era estão sendo deixadas para trás."

Antes de partir para as aplicações práticas da Parte II, este capítulo explicará como o mundo saiu da última depressão, apesar da intervenção do governo americano, e explorará as implicações de nosso presente. Ao saber um pouco de história, o presente se tornará mais claro e você terá mais condições de enxergar o futuro.

Comentário

A economia não voltará a ser o que era exatamente; mudará e evoluirá, como sempre fez. Positiva ou negativamente? – somente o tempo dirá, mas estamos todos aqui nos preparando para a prosperidade, não importando o direcionamento econômico.

Jerome Fazzari

A nova economia em 1954

A economia não se recobrou da Grande Depressão até 1954, quando o índice Dow Jones finalmente recuperou seu ponto de máxima de 381 pontos. Algumas poucas razões para a economia ter melhorado em 1954 foram:

1. A geração da Segunda Guerra Mundial estava se estabelecendo. Quando a guerra acabou, os soldados voltaram para casa, foram para a universi-

dade, se casaram e tiveram filhos. Nos anos 1950, havia um *boom* de nascimentos (conhecido como *baby-boom)* e um *boom* no mercado imobiliário.

2. O primeiro cartão de crédito foi introduzido em 1951 e comprar tornou-se esporte nacional nos Estados Unidos. Com a ascensão dos subúrbios, os shoppings centers surgiam como ervas daninhas.

3. Superestradas foram construídas, provocando um *boom* na indústria automobilística. Os drive-ins eram o lugar onde a garotada desfrutava seu tempo. Nasceu a indústria de fast-food. Em 1953, começou a franchise do McDonald's, que se tornou a estrela da nova indústria de fast-food.

4. A televisão se tornou fenômeno e os *baby boomers* (nome pelo qual é conhecido quem nasceu durante esse *boom*) foram a primeira geração a ser criada pela televisão. As estrelas dos esportes tornaram-se megarricas. A propaganda assumiu dimensão inteiramente nova na vida diária das pessoas.

5. A Boeing lançou o 707, iniciando a era dos jatos. Virou um glamour ser piloto ou atendente de bordo. Aeroportos maiores foram construídos para acomodar a demanda crescente por viagens aéreas e os mega-aeroportos tornaram-se uma indústria em si mesma. O turismo floresceu quando hotéis e resorts surgiram por todos os lugares para atender à demanda de viajantes cansados. Meu Pai Rico ficou muito rico com os turistas no Havaí, quando as viagens aéreas se tornaram mais rápidas e mais baratas.

6. Os trabalhadores podiam esperar por previdência e assistência social por toda vida. Sem os custos de poupar para a aposentadoria ou para os seguros de saúde, os trabalhadores poderiam gastar livremente.

7. A China era um país comunista pobre.

8. Os Estados Unidos eram o novo poder financeiro e militar.

Cinquenta e cinco anos depois...

1. Os *baby boomers* estão se aposentando e começando a receber a previdência social e a usar a assistência social, conjuntamente com seus pais, a geração da Segunda Guerra.
2. Os subúrbios foram a zona de impacto principal – zona zero – da confusão do *subprime.*

3. As estradas e pontes necessitam de imensos reparos. A indústria automobilística está obsoleta e moribunda. Um velho ditado dizia: "Quando a GM morrer, a nação morre." Esse ditado hoje é mais verdadeiro do que nunca.

4. As redes de televisão estão perdendo as propagandas dos patrocinadores – muitos dos quais se deslocam para a internet.

5. As maiores companhias aéreas, como a Pan Am, são história, e gigantes como a United Airlines estão na UTI. Hoje, as pessoas podem se sentar às suas escrivaninhas, em casa, e *visitar* pessoas ao redor do mundo via internet.

6. As pessoas estão vivendo mais, mas muitas estão com excesso de peso e com saúde abalada. Diabetes é o novo câncer e o sistema médico está falido. O alto custo do sistema de saúde faz muitas empresas fecharem as portas, provocando mais perda de emprego.

7. Os fundos de pensão estão falidos. Poucos trabalhadores, quando se aposentam, possuem aposentadoria ou plano de saúde privado. Isso será um desastre para os programas de governo quando 78 milhões de *baby boomers* se tornarem dependentes dos sistemas de previdência e de saúde da América.

8. A China, em breve, será o país mais rico do planeta e vem requerendo que o dólar não mais seja a moeda de reserva do mundo. Se isso acontecer, a América está frita.

9. A América é hoje a nação mais endividada do planeta e suas Forças Armadas estão inchadas.

Pergunto novamente: A economia voltará a ser o que era? Penso que não. O *boom* econômico que nos tirou da última depressão está definhando. Milhões de pessoas estão sendo deixadas para trás enquanto esperam que as coisas voltem ao normal. O desemprego está subindo e os empregos estão se tornando obsoletos, substituídos pela tecnologia ou terceirizados para uma nação com mão de obra mais barata. Isso significa que aumentará o divisor entre os que têm e os que não têm, os ricos e os pobres. A classe média encolherá como a camada de gelo polar.

O futuro dos Estados Unidos

Muitos de nós temos visto, pessoalmente ou na televisão, as favelas onde vivem os pobres. Não importa quantas vezes eu veja a pobreza, sempre me faz pausar e imaginar como resolver essa questão.

Se você alguma vez tiver a oportunidade de ir à Cidade do Cabo, na África do Sul, por favor, vá. A Cidade do Cabo é uma das cidades mais belas do mundo. É moderna e rica. É excitante e vibrante, e acredito que se possa ver o futuro do mundo na Cidade do Cabo. Saindo do aeroporto de carro, pode-se ver quilômetros e quilômetros de favelas e centenas de milhares de pessoas mal sobrevivendo nos limites da vida civilizada. Quando passo pelas favelas e me aproximo da suntuosa Cidade do Cabo, com frequência imagino se não estou olhando para o futuro da América. Eu me questiono se um dia a classe média americana não estará vivendo dessa forma.

Comentários

Como um baby boomer com a aposentadoria em meu horizonte, sinto-me quase sempre pessimista. É difícil imaginar que consiga recuperar minhas perdas antes que a minha saúde vá embora. Estou preocupado com a qualidade de vida que terei em idade avançada, especialmente porque estamos vivendo mais.

Jeuell52

Dado que adoro um desafio, sou otimista e muito curiosa com relação ao futuro. Os americanos darão a volta por cima de maneira insólita. Levará algum tempo e precisarão de uma mudança de mentalidade, imagino.

annebecker

O crash *de 1987*

Uma das razões para a classe média estar perdendo terreno hoje é que o hiato entre os ricos e os pobres está aumentando e é possível perceber diferenças entre o *crash* de 1987 e de 2007.

Em 19 de outubro de 1987, eu estava em um voo de Los Angeles para Sidney, na Austrália. Quando o avião aterrissou em Honolulu para reabastecer, saí do avião para ligar para um amigo de um telefone público no terminal.

"Você soube que o mercado desmoronou?", perguntou meu amigo.

"Não, eu não sabia", repliquei. "Eu estava voando."

"É um *crash* dos grandes", disse ele. "O Dow caiu 23% hoje. Muitas pessoas estão liquidadas."

"Não é bom para elas, mas são boas notícias para mim", repliquei. "É hora de ficar rico."

De 1987 até 1994, minha esposa Kim e eu trabalhamos duro para construir nosso negócio e investirmos todo o dinheiro que tínhamos. Muitos amigos e parentes acharam que tínhamos perdido a cabeça. Eles estavam na retaguarda esperando que a economia voltasse ao que era. Em vez de investir, colocaram seu dinheiro no colchão. Em 1994, Kim e eu estávamos financeiramente livres e na posição de obtermos enorme lucro quando o mercado de alta disparou em 1995. Muitos de nossos amigos que nada fizeram estão com problemas financeiros até hoje.

O crash *de 2007*

Essa quebra de mercado é diferente do *crash* de 1987. Muitas das indústrias que causaram o último *boom,* em 1954, estão moribundas. Agora as coisas são diferentes, por isso não sei se o mercado voltará a ser o que era.

A grande diferença entre o *crash* de 1987 e o de 2007 é a ascensão da internet, a qual está mudando tudo. Em conjunto com o dólar tóxico e a bancarrota do governo, a internet é uma das principais razões para que as pessoas fiquem para trás, aumentando o desemprego.

Acredito que a internet esteja trazendo uma mudança muito mais profunda para o mundo do que foi a descoberta da América por Colombo. Assim como exploradores como Colombo abriram o mundo para a nova riqueza, a internet abre mundos ainda maiores para a riqueza dos exploradores de hoje.

Ainda assim, há diferença significativa entre Colombo e a internet.

As pessoas puderam ver as mudanças que Colombo trouxe. Puderam ver os navios, as cargas das riquezas saqueadas e desenhos de nativos e sua terra.

Não podemos ver o mundo da internet com nossos olhos. *O mundo da internet é invisível e temos que vê-lo com nossa mente.* É por isso que as pessoas estão sendo deixadas para trás. Elas não podem ver as mudanças que estão refazendo seu mundo. Em sua cegueira, elas estão se tornando obsoletas.

Você está ficando obsoleto?

O Dr. Buckminster Fuller disse certa vez que, quando a mudança ocorre de maneira invisível, a velocidade dessa mudança aumenta exponencialmente –

um conceito que ele cunhou, em um artigo, de *aceleração acelerada.* O exemplo que usou foi o rápido avanço da tecnologia da aviação. Pense quão rapidamente a tecnologia de voo se expandiu no século passado. Em 1903, os irmãos Wright voaram pela primeira vez um avião sustentado. Em 1969, colocamos o primeiro homem na Lua. Hoje, temos espaçonaves que viajam 17.320 milhas por hora e que, brevemente, serão capazes de voar para Marte. Isso é aceleração acelerada. A tecnologia, e a forma como essa tecnologia afeta os negócios, está mudando a um passo tão rápido que é quase impossível acompanhar.

Durante uma de suas palestras no começo dos anos 1980, Bucky Fuller falou sobre uma nova tecnologia que explodiria antes do final da década. Ele dizia que podia predizer o futuro ao acompanhar a taxa de avanço de cada tecnologia. Nunca esqueci uma de suas declarações nessa palestra. Ele disse: "Quando você deita de costas e olha para as nuvens, você não vê as nuvens se mexendo. Apenas após fechar os olhos por alguns instantes e, depois olhar de novo, é que você percebe a mudança."

O Dr. Fuller estava preocupado. Sua mensagem era que, muito em breve, milhões de pessoas perderiam seus empregos para a tecnologia e invenções que estavam fora do alcance da visão. Lembro muito bem de suas palavras: "Você não pode se desviar das coisas que não enxerga vindo em sua direção", ele disse.

Como exemplo do que estava falando, ele citou a evolução dos cavalos para os automóveis. Disse: "Os humanos podiam ver os automóveis. Podiam ver essa mudança. Se o carro viesse em sua direção, seria possível desviar. Como podiam ver o carro, poderiam se adaptar e fazer mudanças em suas vidas." "Mas as futuras invenções", ele alegou, "seriam invisíveis". Assim, os humanos não veriam o que estava mudando em suas vidas. Ele finalizou dizendo: "Humanos serão atropelados por coisas que não verão."

Hoje, as pessoas estão sendo atropeladas e estão se tornando obsoletas pelas inovações tecnológicas que não podem ver e não podem entender. Milhões de pessoas estão desempregadas porque seus talentos não são mais requeridos. Elas estão obsoletas.

Negócios de alta velocidade

Nos anos 1970, iniciei minha primeira empresa. Logo me tornei um viajante multimilionário da Pan Am e da United Airlines. Hoje, consigo realizar mais negócios sentado em meu escritório e usando a Web para alcançar as pessoas em menos tempo e gastando menos energia – tudo por muito menos dinheiro. Enquanto faço mais dinheiro, a companhia aérea sofre, pois turistas de negócios como eu encontraram uma forma mais rápida e mais barata de fazer negócios com pessoas do mundo inteiro.

Em 1969, graduei-me na USMMA (Academia da Marinha Mercante dos Estados Unidos), em Kings Point, Nova York. Na época, tínhamos os maiores salários do mundo entre os graduados. Muitos de meus colegas de sala se graduaram e começaram a ganhar imediatamente algo entre $80 mil e $150 mil por ano se embarcassem em navios cargueiros para a zona de guerra do Vietnã. Nada mal como salário inicial para um bando de garotos de 22 anos.

Após a graduação, naveguei para a Standard Oil em um navio-tanque por alguns meses, mas, quando meu irmão se juntou às Forças Armadas para lutar na Guerra do Vietnã, desisti de meu emprego de alto salário e me voluntariei para voar para a Marinha. Minha renda caiu de quase $5 mil por mês para $200 por mês. Foi um choque.

Hoje, alguns de meus colegas de turma ainda estão navegando. Muitos fazem cerca de $400 mil por ano e se aposentarão com algo em torno de $200 mil por ano. Nada mal como retorno para sua educação universitária.

Em vez de voltar a navegar após a guerra ou voar para companhias aéreas, preferi me tornar um empreendedor. Hoje estou colhendo os benefícios dessa escolha.

Há duas diferenças principais entre mim e meus colegas. A primeira diferença é que meu trabalho é 90% mental e 90% do trabalho deles é físico. Eles precisam navegar em navios para serem pagos. Faço dinheiro mesmo quando estou dormindo. A segunda diferença é a velocidade da transação. Meus colegas trabalham cinco dias da semana e são pagos por mês. Eu trabalho 24/7, 365 dias do ano e sou pago por minuto. Mesmo que eu parasse de trabalhar, o dinheiro ainda continuaria vindo. Explicarei como faço isso nos próximos capítulos.

Uma vez que entendi o que o Dr. Fuller quis dizer, tomei a decisão de ficar à frente da curva. Não tenho planos de me tornar obsoleto. Não estou esperando que a economia se restabeleça. Estou trabalhando arduamente para ficar à frente da economia acelerada.

Os cachorros de Pavlov

Como discutimos na Parte I, as sementes da crise financeira foram plantadas, a meu ver, com o sequestro do sistema educacional. Hoje, ainda não temos educação financeira adequada nas escolas.

Durante o período tenebroso da escravidão, os escravos eram proibidos de receber educação. Em alguns lugares era considerado crime ensinar um escravo a ler e a escrever. Um escravo culto é um escravo perigoso. Hoje falhamos em não alfabetizar as crianças financeiramente. É outra forma de criar escravos – escravos assalariados.

Imediatamente após deixar a escola, a maioria dos jovens procura emprego, poupa dinheiro, compra uma casa e investe para o longo prazo em uma carteira de investimentos bem definida e diversificada.

E os milhões que estão perdendo seus empregos, o que fazem? Voltam para a escola para serem retreinados, procuram um novo emprego, tentam poupar dinheiro, pagam seus empréstimos imobiliários e investem para a aposentadoria em fundos. E ensinam suas crianças a fazerem o mesmo.

Ivan Pavlov ganhou um prêmio Nobel, em 1904, em Psicologia e Medicina, por suas pesquisas sobre o sistema digestivo de cães. Hoje, quando ouvimos o termo *cães de Pavlov*, isso se refere a uma resposta condicionada. Ir para a escola para conseguir um trabalho, poupar o dinheiro para uma casa e investir em um portfólio diversificado é um exemplo de resposta condicionada. Muitas pessoas não podem articular porque fazem essas coisas. Elas o fazem porque foi o que lhes ensinaram: é uma resposta condicionada.

De empregado a empreendedor

Em 1973, retornei da Guerra do Vietnã e encontrei meu Pai Pobre em casa, sozinho e desempregado. Ele havia concorrido para o cargo de vice-governador do Havaí e perdera. Embora fosse inteligente, bem graduado e trabalhador, ele se encontrava acabado com apenas 50 anos. Meu Pai era uma estrela do sistema educacional, mas mal equipado para o mundo dos negócios e da política. Ele podia sobreviver na escola, mas não na rua.

Seu conselho para mim foi que voltasse para a escola para me doutorar para, então, buscar um emprego público. Embora eu amasse profundamente meu Pai, sabia que sua vida não era a minha vida. Ao deixar sua casa, fui em direção a Waikiki e, mais uma vez, me tornei, aos 27 anos, aprendiz de meu Pai Rico. Essa foi uma das decisões mais inteligentes que já tomei. Estava rompendo com a resposta condicionada de ser um empregado para me tornar empreendedor.

A história está cheia de casos de sucesso daqueles que ignoraram as respostas condicionadas e forjaram seus próprios caminhos. Os irmãos Wright e Henry Ford jamais terminaram o nível médio. Bill Gates, Michael Dell e Steve Jobs nunca terminaram a faculdade. Sergey Brin, da Google, suspendeu os estudos de doutorado de Stanford. Mark Zuckerberg iniciou o Facebook nos dormitórios da faculdade de Harvard, viajou para a Califórnia e nunca mais retornou para finalizar os estudos. Todas essas pessoas abandonaram a escola porque não mais precisavam procurar por um emprego. Eles começaram suas empresas e criaram empregos para outras pessoas. Hoje, o empreendedorismo está explodindo em todos os lugares do mundo. Mais importante: os empreendedores mais bem-sucedidos compreendem que estamos na era da informação. Eles têm a visão para ver as mudanças acontecendo, e que a maioria não vê.

O futuro será diferente

Hoje, temos uma nova geração que está mudando o mundo. Essa geração é composta de garotos que nasceram depois de 1990. São meninos que só conheceram o mundo com internet. Eles não são iguais a quem nasceu antes de 1990: eles nasceram em um mundo diferente e criarão um futuro diferente. Como esse mundo se parecerá, não sei ao certo – sei que o futuro que eles veem não é o mesmo que eu vejo.

O que sei é que o hiato entre ricos e pobres continuará a se expandir. A ideia de um trabalho bem remunerado está se tornando ridícula quando os países competem por baixos salários e as empresas trocam ideias do outro lado do oceano na velocidade da luz. Os empregos tendem a migrar para países com menor custo de mão de obra. Prevejo que os jovens empreendedores equipados com PDAs de baixo custo e acesso à internet rapidamente sairão das favelas e transformarão o mundo. O luxuoso mundo dos ricos e complacentes será chacoalhado quando empreendedores jovens e ávidos mudarem o futuro do mundo – alguns oriundos das áreas mais pobres.

Na Era Industrial, as nações ricas do mundo controlavam recursos naturais como petróleo, madeira e comida. Com o crescimento da Era da Informação, as nações ricas e poderosas não mais terão monopólio do verdadeiro recurso natural – a mente. No mundo invisível da internet, a genialidade do mundo está liberada e a divisão clássica por classes sociais desaparecerá. Um novo megarrico surgirá.

Economia nova, riqueza nova

Com a chegada da nova economia, haverá uma explosão de nova riqueza, com novos milionários e bilionários. O dinheiro será gerado em ultra-alta velocidade. A questão é: Você será um dos novos ricos ou dos novos pobres? Nos anos 1950, meu Pai Rico viu a nova economia e entrou em ação. Meu Pai Pobre foi esmagado pela nova economia. Ele escolheu a segurança financeira em vez da liberdade financeira – e, ao final, não teve nenhuma das duas.

Então, onde estamos hoje?

O mercado de ações vai se revigorar. Quando isso acontecer, haverá novas empresas compondo o índice Dow Jones. Novas *blue chips* dominarão. O mercado imobiliário também se recuperará quando as populações crescerem e os empregos retornarem. Mas haverá novas famílias vivendo nas velhas mansões e muito mais gente sem teto.

Contudo a economia não voltará a ser como a enxergamos hoje. A economia seguiu em frente. A velha economia que nasceu em torno de 1954 está moribunda. A nova economia está nascendo. Uma economia que será liderada pelas crianças nascidas depois de 1990, jovens que conhecem apenas o mundo invisível de alta velocidade da internet.

Pessoas inteligentes, negócios errados

Enquanto Donald Trump e eu estávamos trabalhando em *Nós queremos que você fique rico* (Campus/Elsevier, 2007), um livro sobre o encolhimento da classe média, Donald disse algo para mim que acertou na mosca: "Tenho muitos colegas de classe que eram muito mais espertos do que eu, mas faço mais dinheiro do que eles. Uma razão para isso é eu ser um empreendedor e eles terem se tornado empregados de grandes companhias. Outra razão é eles terem ido trabalhar para setores errados. Foram trabalhar em setores que estão morrendo."

Ao ouvir suas palavras, refleti sobre minha própria vida. Se eu tivesse seguido os conselhos de meu Pai Pobre, também seria empregado de um setor moribundo. Hoje, os graduados da Marinha Mercante têm dificuldade em conseguir um emprego. A razão de a Marinha Mercante estar morrendo é a mesma de a General Motors estar morrendo. O pagamento para os oficiais é tão alto que as empresas de navegação mudaram seus navios para países com menor custo de mão de obra.

Enquanto ele e eu estávamos sentados em seu escritório, observando o Central Park e a Quinta Avenida, percebi que não estaria ali se não tivesse seguido os conselhos de meu Pai Rico – uma filosofia que ele desenvolveu na última depressão. Com a possibilidade de uma nova depressão, em vez de sentir medo, Donald e eu estamos nos preparando para os desafios de tempos árduos à frente. Já passamos por períodos difíceis antes, e saímos deles mais espertos e mais ricos.

Bola de cristal

Enquanto escrevo este livro, o mundo se sente melhor com relação à economia. As pessoas estão mais otimistas. O mercado de ações está subindo. O dinheiro está se movendo do ouro e das poupanças de volta ao mercado acionário. Acredito que isso seja o rali de um mercado em baixa – um rali dos tolos – um dos ralis de mercados mais cruéis de todos, mas posso estar enganado.

Sinto que o pior ainda não acabou pelas seguintes razões:

1. As antigas indústrias estão morrendo. Muitas pessoas idosas dependem dos dividendos pagos por essas velhas empresas. Nessa crise, com as receitas em queda, muitas empresas estão cortando o pagamento de dividendos. A GE cortou seus dividendos em 68% e a JPMorgan cortou em 86%. Isso significa que se um aposentado estava vivendo com $1 mil por mês de dividendos da GE, agora ele está recebendo $320. Se estava vivendo com os dividendos da JPMorgan, agora recebe $140 em vez de $1 mil.

2. Aumento de impostos. Enquanto os Estados Unidos continuam a imprimir dólares, nossos filhos e netos pagarão por essa confusão com aumento de impostos. Os impostos punem os produtores e recompensam os larápios, os preguiçosos e os incompetentes.

Por exemplo, a Casa Branca anunciou um teto para reduções de imposto sobre as doações para caridade, o que, em boa parte, afetará negativamente os ricos. Em 2006, 4 milhões de americanos ganharam $200 mil ou mais bruto. Isso corresponde a menos de 3% de todos os americanos e, ainda assim, eles responderam por 44% de todas as doações para obras de caridade. Esse teto em redução de impostos significa que muitas dessas instituições fecharão as portas e milhões mais precisarão da ajuda do governo, o que o fará novamente aumentar os impostos.

Há um estado de ânimo negativo crescente para "pegar" os ricos. Esse sentimento está representado pelo congressista Jerry McNerney (democrata da Califórnia), que pede uma alíquota de 90% de imposto para as pessoas ricas. As máfias estão soltas para punir os ricos trabalhadores – aqueles que pagam impostos, criam empregos e fazem doações para caridade. Os verdadeiros ricos, aqueles que influenciam os políticos e o Fed, permanecerão intocáveis.

3. Os Estados Unidos são o maior devedor do mundo. O PIB americano é de mais de $14 trilhões. A soma de todos os programas de *bailout* até o início de 2009 já correspondia à metade desse valor.

4. A China está ameaçando o status do dólar como moeda reserva. Em março de 2009, a China começou a falar sobre o abandono do dólar como a moeda de reserva do mundo. No longo prazo, isso significa que os Estados Unidos podem não ser capazes de pagar suas contas com dinheiro de Banco Imobiliário.

5. O consumidor americano está compromissado com dívidas e sem dinheiro. Cerca de 70% da economia americana é impulsionada pelos gastos de consumo, de acordo com o Bureau of Labor Statistics, e quase todos os países dependem do poder de compra do consumidor americano para fortalecer suas próprias economias. O consumidor americano parou de gastar, o que significa que o mundo sofre. Sem muita poupança, o americano médio não pode suportar uma recessão. Se a recessão demorar e o consumidor americano ficar sem dinheiro, o mundo inteiro escorregará para a recessão.

6. O desemprego está em ascensão. Todas as empresas do mundo, pequenas ou grandes, estão tentando reduzir os custos. Uma das maneiras mais fáceis e rápidas de fazer isso é reduzir o passivo salarial, demitindo funcionários.

Em março de 2009, a taxa oficial de desemprego nos Estados Unidos era de 8,5%. No entanto, essa estatística não levou em conta as pessoas desempregadas e que não procuraram trabalho nos últimos trinta dias ou aqueles que trabalharam meio período, enquanto esperavam por um trabalho de período integral. Quando se adicionam essas pessoas ao número oficial, a taxa real de desemprego passava a ser de 19,1%, de acordo com o site shadowstats.com. Durante a Grande Depressão, o desemprego foi de 24%. A esse passo, chegaremos rapidamente lá.

7. A tecnologia é invisível e relativamente barata. Hoje, as empresas podem fazer negócios com muito menos empregados e, assim, se tornar mais rentável. Isso nos conduzirá a mais desemprego.

8. O sistema escolar não preparou os estudantes para a Era da Informação. A tecnologia e suas aplicações estão mudando tão rapidamente que os estudantes universitários não estão equipados para serem bem-sucedidos no mercado de trabalho. Hoje, a maioria dos estudantes fica obsoleta no momento que recebe o diploma.

9. A frugalidade está na moda. Por trinta anos as pessoas se endividaram para parecerem ricas. Era o máximo mostrar a bolsa do estilista famoso ou dirigir um carro. Hoje, o oposto é verdadeiro. As pessoas estão orgulhosas de parecerem frugais e estão gastando seu dinheiro de maneira mais sábia. Isso apenas alimenta a crise econômica. Como você viu na Parte I, a única maneira de a economia expandir é nos endividarmos. Ser frugal pode ser bacana, mas não ajudará a economia. Quando o país para de gastar, o desemprego aumenta e os pequenos negócios fracassam.

Uma velha piada

Há uma velha piada mais ou menos assim: dois amigos estavam passeando na floresta quando viram um urso vindo em sua direção.

"Você acha que podemos correr mais do que o urso?", perguntou um dos amigos.

O outro amigo respondeu: "Eu não preciso correr mais do que o urso. Só preciso correr mais do que você."

Em minha opinião, esse é o mundo em que estamos vivendo. Muitas empresas fracassarão e os mais fortes sobreviverão e reaparecerão ainda mais poderosos. Infelizmente, muitos de meus pares *baby boomers* não estão preparados para o futuro. Muitos acharam a vida fácil por tempo demais. Muitos estão com a saúde em mau estado e sem riqueza sustentável. Muitos não possuem seguro-saúde justamente quando os hospitais públicos estão ficando sem dinheiro.

Acredito que estamos entrando em um inverno financeiro longo e pesado. As boas notícias é que a primavera virá, a paisagem florescerá e vida nova surgirá. Em algum momento, sairemos dessa crise financeira, mas infelizmente milhões de pessoas ficarão para trás. Para o bem delas, espero que o presidente possa salvá-las.

Para mim, pouco importa o que façam os políticos para salvar a economia. Ao final, eles salvarão os ricos, em nome da salvação da economia.

O que realmente importa é o que você fará para se salvar. Você não precisa correr mais do que o urso, precisa ser mais rápido do que aqueles que estão esperando para serem salvos.

As notícias são boas para aqueles que estão prontos para seguir em frente nesse admirável mundo novo. Esse é o melhor dos tempos para aqueles que estejam desejosos de estudar, aprender rapidamente, trabalhar arduamente e não se juntar ao coro das pessoas negativas. Aprender com o passado para ser bem-sucedido no futuro. Esse é o tempo de ficar rico – se é isso o que você quer.

Antes de ir em frente, vejamos as cinco novas regras do dinheiro que cobrimos até agora. Elas são essenciais para vencer a conspiração em seu próprio jogo.

Nova Regra do Dinheiro 1: Conhecimento é a nova moeda

Hoje, ativos tradicionais não o tornam rico ou seguro financeiramente. Você pode perder dinheiro em empreendimentos, imóveis, ações, títulos, mercadorias e até mesmo ouro. O conhecimento torna você rico e a falta dele o torna pobre. Nesse admirável mundo novo, seu conhecimento é o novo dinheiro.

A Parte II é sobre aumentar seu conhecimento financeiro.

Nova Regra do Dinheiro 2: Aprenda a usar a dívida

Obviamente, ambos, pobres e ricos, precisam aprender a usar dívida.

A dívida não é ruim. Seu mau uso, sim. A dívida pode torná-lo rico ou pobre. Se você quer avançar financeiramente, precisa aprender a usar a dívida, e não abusar dela.

A Parte II aborda como usar a dívida para melhorar sua vida e se posicionar, a fim de se tornar financeiramente seguro.

Nova Regra do Dinheiro 3: Aprenda a controlar o fluxo de caixa

A regra do jogo hoje é fazer você e eu nos endividarmos. Quando você está endividado, seu dinheiro flui para os outros. Hoje, muitas pessoas estão com problemas financeiros porque muito de seu dinheiro está fluindo para o bolso de outras pessoas, e pouco dinheiro flui para seu próprio bolso. Se você quer estar seguro financeiramente, precisa aprender como fazer mais dinheiro fluir para seu bolso.

A Parte II você verá como assumir o controle de seu fluxo de caixa, entradas e saídas.

Nova Regra do Dinheiro 4: Prepare-se para tempos ruins e você só terá tempos bons

A última depressão fez de meu Pai Rico um homem muito rico e de meu Pai Pobre um homem muito pobre. Um pai viu a depressão como oportunidade, o outro a viu como crise.

Minha geração, os *baby boomers*, apenas conheceu bons tempos. Muitos não estão preparados para os tempos ruins. Estou bem hoje porque comecei a me preparar para os tempos ruins há mais de vinte anos. Ao me preparar para tempos ruins, me dou bem em tempos bons.

A Parte II é sobre como se sair bem em tempos difíceis e se sair ainda melhor em tempos bons.

Nova Regra do Dinheiro 5: A necessidade de velocidade

O dinheiro evoluiu do escambo para o dinheiro digital quando o mundo financeiro se acelerou. Hoje, pessoas lentas são deixadas para trás. Uma pessoa bem posicionada pode transacionar seus negócios 24 horas por dia, 7 dias por semana. Em vez de fazer dinheiro por mês, as pessoas podem fazer dinheiro por segundo.

Autoexame

Como estamos no início da Parte II, é importante se perguntar:

1. Você está sendo pago por mês, por hora, por minuto ou por segundo?
2. Você está ganhando dinheiro 8 horas por dia ou 24 horas por dia, 7 dias por semana?
3. Se você parar de trabalhar, o dinheiro continuará entrando?
4. Você tem muitas fontes de renda?
5. Se você é empregado, está trabalhando para um empregador que está sendo deixado para trás?
6. Seus amigos e sua família estão seguindo em frente ou sendo deixados para trás?

Comentário

Participei de alguns cursos e li alguns livros sobre desenvolvimento pessoal e financeiro. Aprendi a lição da renda passiva da pior maneira. Sou autônomo e, no último novembro, passei por uma cirurgia no pé. Não pude trabalhar durante três meses e, durante esse tempo, confiei em minhas economias. A experiência me ensinou a importância da renda passiva. Agora estou ocupado comprando uma propriedade e buscando oportunidades de investimentos.

henri54

Só você pode *honestamente* responder a essas questões. Só você sabe se está financeiramente satisfeito com sua própria vida. Só você pode fazer mudanças *diárias* em sua vida.

Se você está pronto para fazer mudanças e planejar um futuro financeiro melhor, o restante do livro é para você.

Capítulo 7

Qual é o nome do seu jogo?

Questão: *Qual é o conselho que você dá para a pessoa média?*
Resposta: *Não fique na média.*

A regra 90-10

A maioria de nós já ouviu falar da regra 80-20. O princípio diz que, para muitos eventos, cerca de 80% dos efeitos advém de 20% das causas. Isso também é conhecido como o princípio de Pareto, *a regra dos poucos vitais.* Foi batizada em homenagem ao economista italiano, Vilfredo Pareto, que notou que 80% da terra na Itália pertenciam a 20% da população – os poucos vitais. Nos negócios, uma boa regra é que 80% de seus lucros advêm de 20% de seus clientes – então, cuide bem deles.

Meu Pai Rico levou essa regra ainda mais adiante. Ele acreditava que 10% de todo seu dinheiro era ganho por 10% das pessoas. Ele chamou isso de regra do dinheiro 90-10. Se observar o jogo de golfe, direi que 10% dos golfistas ganham 90% do dinheiro. Na América, hoje, aproximadamente 90% da riqueza está nas mãos de 10% da população.

Se você quer ganhar o jogo do dinheiro, não pode estar na média. Você precisa estar entre os 10%.

Conselho financeiro para quem está na média

Uma razão de 90% das pessoas estar financeiramente na média é elas seguirem conselhos genéricos, por exemplo:

1. "Vá para a escola."
2. "Arrume um emprego."
3. "Trabalhe duro."
4. "Poupe dinheiro."

5. "Sua casa é um ativo e seu maior investimento."
6. "Viva dentro de suas possibilidades."
7. "Saia das dívidas."
8. "Invista de maneira diversificada e para o longo prazo."
9. "Aposente-se e o governo o sustentará."
10. "Viva feliz para sempre."

Comentários

Meu pai, que era um juiz e depois trabalhou em um banco de investimentos, me disse que o mercado de ações era a única maneira de enriquecer. Ele também me disse que investir em imóveis era tolice. Ele não acreditava em renda passiva. Morreu em 2008 e o inventário foi fechado em meados de 2009. O patrimônio líquido havia decrescido 87% do momento de sua morte até o fechamento do inventário. A herança que ele queria tão desesperadamente deixar para seus filhos havia desaparecido.

FredGray

Meu pai sempre diz que "não há nada errado em estar na média". Eu nunca realmente compreendi essa afirmação. Sinto que você deve tentar ser o melhor e, como resultado, você não estará na média.

arnei

Contos de fadas financeiros

Acrescentei "viver feliz para sempre" porque chamo os conselhos financeiros anteriores de *contos de fadas financeiros*, e todos sabem que apenas em contos de fadas as pessoas vivem felizes para sempre. São os mesmos contos de fadas que a geração da Segunda Guerra Mundial acreditou. Mas esses contos de fadas não são verdadeiros.

Muitas pessoas de minha idade, a geração da Guerra do Vietnã, inclusive alguns de meus amigos que já estiveram bem, hoje enfrentam problemas financeiros porque acreditaram em contos de fadas. Muitos de meus pares *baby boomers* estão esperançosos e rezando para que o mercado de ações se estabilize, pois assim eles podem se aposentar.

Hoje, há estudantes universitários que temem não conseguir emprego quando saírem da escola. Eles também acreditam nesses contos de fadas, especialmente "Vá para a escola" e "Arrume um emprego."

A conspiração nos quer acreditando nos dez contos de fada. Ao seguir os contos de fadas, 90% de nós nos tornamos peões do jogo dos ricos. A maioria das pessoas só sabe dos dez contos de fadas, não a realidade do dinheiro. Por isso, apenas algumas poucas pessoas conhecem o nome do jogo.

Qual é o nome do jogo?

Para os conspiradores, o nome do jogo é fluxo de caixa (*cash flow*) – para estar entre os 10% que coletam o fluxo de caixa dos outros 90%. Os conspiradores querem acreditar nos dez contos de fada porque é assim que seu dinheiro flui de você para eles.

Já posso ouvir alguns de vocês dizerem: "Bobagem! Tudo que você está fazendo é promover seu próprio jogo CASHFLOW!" Estou promovendo meu jogo. Eu me orgulho dele e dos elogios que recebeu. Na verdade, tem sido chamado de Banco Imobiliário com esteroides. O CASHFLOW não é apenas um tabuleiro de jogo, é, na verdade, o jogo da conspiração. O objetivo integral da conspiração é fazer seu dinheiro (*cash*) fluir (*flow*) de seu bolso para o bolso dos conspiradores.

Assim como um peixe não pode ver a água, a maioria das pessoas não pode enxergar a conspiração. Assim como os peixes estão envoltos em água, estamos submersos na conspiração. Rico ou pobre, culto ou inculto, trabalhador ou desempregado, estamos todos envolvidos no jogo do fluxo de caixa. A diferença, entretanto, é que alguns jogam e outros são peões do jogo.

Para ajudá-lo a compreender melhor o jogo do fluxo de caixa, a seguir estão alguns exemplos de como ele é jogado na vida real.

EXEMPLO 1: UMA BOA FORMAÇÃO NÃO É SUFICIENTE

Muitos estudantes e seus pais estão endividados para pagar as mensalidades das escolas. Adicionalmente, na universidade, os estudantes recebem cartões de crédito, o que contribui para aumentar ainda mais as dívidas. Quando um estudante se endivida, o dinheiro flui do bolso de estudantes, por anos, para pagamento de dívidas. A conspiração ama os estudantes porque eles são uma grande fonte de fluxo de caixa. Eles costumam ser ingênuos financeiramente e com frequência pensam que cartões de crédito são de graça. Muitos estudantes aprendem isso da maneira mais difícil – e, claro, muitos nunca aprendem. A escola é um lugar fantástico para treinar as pessoas a fazerem o fluxo do dinheiro seguir de seu bolso para o bolso dos ricos.

Os estudantes se graduam endividados, entram no mercado de trabalho, procuram emprego, acumulam ainda mais dívidas e veem seu dinheiro fluir para o governo via imposto de renda. Quanto mais ganham, maior é a porcentagem que pagam de impostos. Para poupar dinheiro, comem nos restaurantes fast-food e seu dinheiro flui para os fast-foods. Depositam o dinheiro nos bancos e o dinheiro flui para os bancos, na forma de taxas de serviços. Então compram um carro, e o dinheiro flui para a indústria automobilística, para a indústria financeira, para a indústria petrolífera, para a seguradora e, claro, para o governo na forma de licenças, impostos e multas. Compram uma casa e o dinheiro flui para fora de seus bolsos para pagar os empréstimos, TV a cabo, água, luz, eletricidade e os impostos de propriedade para o governo. Todos os meses há dinheiro fluindo para o sistema financeiro na forma de fundos para a previdência privada e sai desses fundos para os administradores na forma de taxas e comissões. Mais tarde, quando as pessoas envelhecem e se debilitam, o dinheiro flui para as casas de saúde. Quando elas morrem o dinheiro flui para o pagamento de impostos das coisas que elas deixaram para trás. Para a maioria das pessoas, a vida inteira é gasta para manter o compasso dessas saídas de dinheiro.

A razão para que 90% das pessoas passem por dificuldades financeiras é seu dinheiro estar fluindo para alguém ou algo – fluindo para os 10% que sabem o nome do jogo. Quanto mais arduamente trabalham os 90%, mais dinheiro flui para os 10%.

Essa é a história de meu Pai Pobre. Ele trabalhou muito. Voltou para a escola em busca de mais diplomas e de treinamento especializado. Ele fez mais dinheiro e poupou alguma coisa, mas nunca conseguiu controlar as saídas de seu dinheiro. Quando perdeu o dinheiro e foi forçado a parar de trabalhar, não houve entrada de dinheiro – ainda assim, ele tinha que honrar suas obrigações de fluxo de caixa. Ele se viu em verdadeira dificuldade financeira.

As escolas não ensinam sobre o dinheiro. Se uma escola tiver aulas de educação financeira, ela usualmente ensina sobre poupar e investir nos bancos – treina os alunos a mandar o dinheiro para os ricos.

Se eu comandasse o sistema escolar, colocaria aulas sobre como controlar a saída de fluxo de caixa. Falaremos mais sobre isso adiante.

EXAMPLO 2: O QUE VEM ANTES, O CELULAR OU O FLUXO DE CAIXA?

A resposta, naturalmente, é fluxo de caixa. Nunca haveria um telefone celular sem fluxo de dinheiro – não importa quão útil seja. O dinheiro é a única força atrás da inovação. Quando os investidores perceberam a oportunidade apresentada pelos telefones celulares, surgiu o dinheiro necessário para desenvolver uma rede global de telefonia. Sem a oportunidade de produzir fluxo de caixa, ninguém estaria interessado em desenvolver tal network.

Cada vez que você usa um telefone celular, o dinheiro sai de sua carteira para as companhias telefônicas. Elas estão no negócio de telefonia, mas o *nome do jogo é fluxo de caixa.*

Hoje, há um número muito grande de produtos, serviços ou empresas que podem salvar o mundo, mas, sem fluxo de dinheiro do consumidor para os ricos, esses produtos e serviços não avançam. Se você vai lançar um produto novo ou vai começar um novo negócio, precisa estar consciente do fluxo de dinheiro. Se seu negócio provê fluxo de caixa apenas para você, há boas chances de ele não atrair investidores ou crescer.

EXEMPLO 3: A QUEBRA DO MERCADO DE AÇÕES

Quando o mercado de ações quebrou, em 2008, isso significou que o dinheiro estava fluindo desse mercado para outros ativos. Com a quebra do mercado, é uma aposta segura que 90% dos investidores perderam dinheiro porque eles foram muito lentos para se mover. Eles foram lentos porque lhe contaram contos de fadas financeiros sobre investir para o longo prazo em uma carteira bem diversificada.

Os 10% que não acreditam em contos financeiros de fadas, entretanto, já haviam mudado seu dinheiro para portos mais seguros como o ouro, que cresceu abruptamente quando o mercado quebrou. Quando o mercado fluiu para fora do mercado de ações, os investidores de fundos e ações perderam e os investidores em ouro ganharam. A mesma coisa aconteceu quando a bolha do mercado imobiliário estourou e o dinheiro fluiu para outro lugar, deixando os proprietários com suas casas desvalorizadas.

Conhecimento é a nova moeda

O jogo do fluxo de caixa é uma das razões para que a nova regra 1 do dinheiro seja *Conhecimento é a nova moeda.* Sem educação financeira nas escolas, os estudantes se graduam em uma variedade de áreas sem conhecer o jogo do dinheiro – que eu acredito ser a área mais importante de todas. A maioria dos estudantes se gradua e trabalha arduamente para ter entradas de fluxo de caixa, mas possui pouquíssimo controle sobre isso. Todos os meses há mais e mais saídas do que entradas, o que faz com que trabalhem ou se endividem ainda mais.

A segurança no trabalho é muito importante para a maioria das pessoas porque elas têm pouco controle sobre o fluxo do dinheiro. É por isso que muitos especialistas aconselham: "Corte seus cartões de crédito e viva dentro das suas possibilidades." Isso é aconselhamento financeiro para os 90% que precisam controlar as saídas de caixa para os outros 10% que sabem fazer o fluxo lhe ser favorável, mesmo quando não estão trabalhando.

Quando se trata de investir, a média dos investidores tem pouco controle sobre o fluxo do dinheiro. Nos planos tradicionais de fundos de pensão, hoje, o dinheiro sai dos salários antes mesmo que as pessoas o toquem e muito do dinheiro legalmente some em taxas e despesas.

Por anos tenho sido crítico dos fundos de investimentos. Eles são veículos horríveis desenhados para as pessoas financeiramente medianas. Ao longo dos anos, os especialistas financeiros me combateram porque são patrocinados pelo sistema financeiro. O conselho é sempre o mesmo: invista em fundos para o longo prazo. Isso é conselho medíocre para pessoas medíocres.

Um de meus heróis é John Bogle, fundador dos fundos Vanguard. Como inventor do fundo indexado, que mantém as taxas baixas para reduzir os custos com administração, ele também é um crítico dos fundos. Em uma entrevista ele disse que os investidores em fundos mútuos colocam 100% do dinheiro, assumem 100% dos riscos e ganham apenas 20% dos lucros – se houver lucro. As empresas que administram os fundos levam 80% do lucro por meio de taxas e despesas.

Em *The Battle for the Soul of Capitalism*, Bogle também diz que os bancos e as empresas de fundos mútuos sempre falam do poder dos juros compostos, mas falham em falar sobre os *custos compostos*, que diminuem seus retornos líquidos significativamente. Tenho bastante respeito por Bogle por se opor a uma das mais poderosas forças da conspiração, a indústria de fundos. A mim parece que poucas publicações ou canais de televisão têm a coragem de criticar essa indústria porque não querem perder a receita de propaganda que vem dos fundos.

Nova Regra do Dinheiro 6: Aprenda a linguagem do dinheiro

Quando um estudante vai para a faculdade de Medicina, ele aprende os termos médicos e, logo, está falando de pressão sistólica e diastólica. Quando fui para a escola de voo, tive que aprender a linguagem de um piloto. Logo estava falando palavras como *altímetro* e *aeoron.* Quando mudei de helicópteros, usei palavras diferentes: *cíclico* e *rotor.* Não poderia ter sido bem-sucedido se não conhecesse essa linguagem.

Na escola dominical aprendi a frase: "E o Verbo se fez carne." Em outras palavras, você é o que você diz.

Em 1903, época em que acredito que os conspiradores assumiram o sistema escolar, eles eliminaram a linguagem do dinheiro e a substituíram pela linguagem dos professores, como *álgebra* e *cálculo,* palavras raramente usadas na vida real. A principal razão para que 90% da população tenha dificuldades financeiras é nunca lhes ter sido ensinada a linguagem do dinheiro.

Comentário

Usamos as palavras para pensar, portanto não podemos conceitualizar o que linguagem alguma pode descrever. É por isso que saber a linguagem do dinheiro e ter comando sobre ela é a forma de aprender os conceitos do dinheiro e seu funcionamento; assim, poderemos tomar nossas próprias decisões financeiras em vez de sermos liderados por investidores financeiros ou seguir cegamente conselhos convencionais.

buzzardking

Juntando-se aos 10%

Quando você aprende a linguagem do dinheiro, aprende a linguagem da conspiração. Ao investir algum tempo todos os dias para aprender, você terá uma chance de fazer parte dos 10% – os poucos vitais. Mais importante, ao aprender a linguagem do dinheiro, você reduz as chances de ser enganado pelos falsos profetas financeiros – os mesmos profetas que aconselham você a economizar, comprar uma casa, sair das dívidas e investir para o longo prazo em carteiras diversificadas de fundos mútuos.

A boa notícia é que não custa muito ensinar às crianças o vocabulário do dinheiro; nenhum aumento maciço no orçamento educacional é necessário – apenas bom-senso. Se as escolas ensinassem aos estudantes a linguagem do dinheiro, as dificuldades financeiras e a pobreza seriam reduzidas. Se mais crianças aprendessem essa linguagem, haveria mais empreendedores que criariam novos empregos, em vez de o governo tentar criar postos de trabalhos.

O restante do livro mostrará algumas das palavras básicas sobre dinheiro e investimento que você precisa conhecer para se juntar aos 10%.

As palavras formam as atitudes e as atitudes formam a realidade

Viver é atitude. Se você quer mudar sua vida, primeiro mude suas palavras, que, por sua vez, mudarão sua atitude. A seguir estão algumas atitudes comuns em relação ao dinheiro.

"Nunca serei rico" são as palavras de uma pessoa com atitude de pobre. É provável que ela tenha dificuldades financeiras por toda sua vida. Quando uma pessoa diz: "Não estou interessada em dinheiro", ela, na verdade, está afastando o dinheiro. Quando escuto: "É preciso dinheiro para fazer dinheiro", respondo: "Não, o dinheiro começa com palavras e as palavras são de graça." Quando alguém diz: "Investir é arriscado", respondo: "Investir não é arriscado. Falta de educação financeira e dar ouvidos a maus conselhos financeiros é que é arriscado." Minhas palavras revelam uma perspectiva e uma atitude diferentes em relação ao dinheiro e aos investimentos das de alguém com atitude pobre.

O conhecimento começa com minhas palavras

Dado que dinheiro é conhecimento, segue que o conhecimento começa com as palavras. As palavras são o combustível do cérebro e moldam a realidade. Se você usar palavras erradas, não produtivas, terá pensamentos não produtivos e uma vida humilde. Usar palavras não produtivas é como usar gasolina de má qualidade em um carro bom. A seguir estão exemplos de como as palavras nos afetam.

PALAVRAS DE UMA PESSOA POBRE

É fácil perceber quando uma pessoa é pobre ao observar apenas as palavras que diz. Por exemplo:

1. "Nunca serei rico."
2. "Não estou interessado em dinheiro."
3. "O governo deveria tomar conta das pessoas."

PALAVRAS DE UMA PESSOA DE CLASSE MÉDIA

A classe média emprega um conjunto diferente de palavras:

1. "Tenho um emprego seguro de alto salário."
2. "Minha casa é meu maior investimento."
3. "Estou investindo em uma carteira bem diversificada de fundos de investimento."

PALAVRAS DE UMA PESSOA RICA

Assim como os pobres e a classe média, os ricos usam palavras que os distinguem como tal:

1. "Estou procurando bons empregados para trabalhar para mim."
2. "Estou procurando um prédio de apartamentos para comprar e ter fluxo de caixa de aluguéis."
3. "Minha estratégia de saída é fazer uma oferta pública inicial de ações (IPO) para minha empresa."

Você consegue perceber a diferença entre essas palavras? Qual é o tipo de realidade que cada conjunto de palavras revela? Repetindo a lição da Escola Dominical: "e o Verbo se fez carne". Nós somos o que falamos.

Ganhos de capital versus *Fluxo de caixa*

Nos capítulos seguintes, introduzirei alguns termos básicos que uma pessoa que quer estar entre os 10% precisa saber.

Dois desses termos importantes são *ganhos de capital* e fluxo de caixa. Como já disse, o mais importante termo é fluxo de caixa, porque este é o nome do jogo da conspiração. A razão de 90% das pessoas perderem dinheiro com mercado imobiliário e acionário no *crash* a partir de 2007 foi em vez de o jogo do fluxo de caixa, elas terem jogado o jogo do *ganho de capital.* As pessoas que praticam o jogo de ganho de capital estão, com frequência, esperando que suas casas se valorizem ou o mercado de ação suba. Entretanto, quem adota o jogo do fluxo de caixa, na verdade, não se importa com o mercado ou se o preço das casas sobe.

Outro termo importante, que está relacionado a *ganhos de capital* e *fluxo de caixa,* é *patrimônio líquido.* Com frequência você ouvirá alguém se vangloriar de seu patrimônio líquido porque comprou uma mansão ou possui um grande número de ações caras. O problema com o patrimônio líquido é que, em mercados como o que estamos hoje, ele é inútil.

Patrimônio líquido é muitas vezes medido por ganhos de capital. Se você compra uma casa por $1 milhão, tecnicamente isso é parte de seu patrimônio líquido, mas se você não consegue vender por $1 milhão e, em vez disso, vende por $500 mil e ainda tem que pagar $700 mil de empréstimo, seu patrimônio líquido é inexistente.

Não são só os indivíduos. Hoje o termo *marcação a mercado* é uma forma de dizer *patrimônio líquido* para empresas e bancos. As empresas adoram marcar a mercado quando a economia está forte porque faz seus balanços parecerem bem. Mas quando o mercado está em baixa, marcar a mercado rebaixa muitas companhias, já que seu patrimônio reduz dia a dia.

Uso o fluxo de caixa para medir minha riqueza, e não patrimônio líquido. O dinheiro que meus investimentos me trazem mensalmente é riqueza verdadeira – não alguma noção percebida de valor que pode ou não ser verdade.

Durante a crise financeira, minha esposa Kim e eu estamos nos saindo bem financeiramente porque os negócios e investimentos se concentram no fluxo de caixa. A razão para nos "aposentarmos" cedo – Kim aos 37 anos, eu aos 47 – é tomarmos decisões conscientes de investimento por fluxo de caixa. Em 1994, tínhamos aproximadamente $120 mil em fluxo de caixa (renda passiva) anuais com os investimentos. Hoje, nossa renda é mais do que dez vezes isso, mesmo durante a crise financeira, porque continuamos a investir por fluxo de caixa.

Um de nossos vizinhos do outro lado da rua é um dos homens mais ricos do Arizona. Cerca de cinco atrás ele veio até nossa casa nos agradecer por nossos jogos e livros. Com um sorriso em seu rosto, disse: "Jogo o CASHFLOW com meus filhos e netos. Finalmente pude explicar a eles o que faço. Durante anos meus filhos e netos ficaram imaginando por que eu não vivia uma vida normal como os pais de seus amigos. Por anos, nunca pude explicar exatamente o que eu fazia."

Quatro casas verdes

Meu Pai Rico começou minha educação financeira jogando Banco Imobiliário comigo quando eu tinha 9 anos. Jogamos partidas de muitas horas, durante muitos anos. Quando perguntei por que jogávamos o jogo com tanta frequência, ele disse: "A fórmula para a grande riqueza está nesse jogo."

"Qual é a fórmula?", perguntei.

"Transformar quatro casas verdes em um hotel vermelho", ele respondeu.

Aos 19 anos, retornei da escola em Nova York e descobri que meu Pai Rico havia comprado um hotel gigante, na beira da praia de Waikiki. Em 10 anos, dos meus 9 até os 19, eu o vi crescer de um pequeno negociante para o maior *player* do mercado havaiano. O segredo de seu sucesso foi investir por fluxo de caixa.

Quando eu era um menino, meu Pai Rico ensinava seu filho e a mim as melhores qualidades do jogo Banco Imobiliário. Ele pegava, por exemplo, uma carta e perguntava: "Quanto de receita você recebe se tiver uma casa verde em sua propriedade?"

Eu respondia: "Dez dólares."

"E quanto você receberia se tivesse duas casas?"

"Vinte dólares."

Aprendi matemática básica. Ter $20 era muito melhor do que ter $10. Essa era a maneira de o Pai Rico treinar seu filho e a mim a se concentrar no fluxo de caixa – não ganhos de capital.

Foco no fluxo de caixa

A inflação começou a se infiltrar furtivamente no sistema econômico após 1971, quando Nixon desatrelou a moeda do ouro. As pessoas sabiam que havia algo errado, mas, sem muito conhecimento financeiro, não sabiam o que estava errado. O ouro atingiu $850 a onça e a prata foi a $50, com a inflação disparando.

Na administração Reagan, o presidente do Federal Reserve, Paul Volcker, aumentou os juros para 20% em um esforço para acabar com a inflação. Uma nova palavra entrou para o vocabulário comum: estagflação, que significa que a economia estava estagnada (as pessoas e as empresas não estavam mais fazendo dinheiro) e a inflação continuava crescendo (as coisas estavam ficando mais caras).

Os juros para empréstimos estavam altos, cerca de 12% a 14%, mesmo assim o preço das casas continuava a subir. Comprei um apartamento em Waikiki, em 1973, por $30 mil e revendi por $48 mil dois anos depois. Comprei três apartamentos na ilha de Mauí por $18 mil cada e vendi imediatamente por $48 mil, fazendo cerca de $90 mil em um ano, quase seis vezes o que eu fazia sendo piloto da Marinha. Achei que era um gênio das finanças.

Graças a Deus meu Pai Rico sentou comigo e me trouxe à realidade. A próxima fase de minha educação financeira estava começando. Eu não era mais um menino de 10 anos jogando Banco Imobiliário. Estava com vinte e poucos anos e estava jogando Banco Imobiliário na vida real.

Pacientemente, meu Pai Rico me lembrou das diferenças entre ganhos de capital e fluxo de caixa. Boa lembrança! Todas as vezes que eu trocava uma propriedade, estava investindo por ganho de capital. "Invista por fluxo de caixa", foram as palavras do meu Pai Rico. "Lembre-se das lições que lhe ensinei anos atrás com o Banco Imobiliário. Investir por ganhos de capital é jogo de apostas."

Assim como quando eu ainda era criança, ele tirou uma carta do jogo e perguntou: "Quanto você recebe por uma casa verde?"

Pegando a carta, respondi: "Dez dólares." Mesmo tendo quase 30 anos agora, lembrei de sua lição sobre a diferença entre ganhos de capital e fluxo de caixa; lições que aprendi quando era pequeno e esqueci como adulto.

"Muito bem", disse Pai Rico pacientemente. "E quanto por duas casas verdes?"

"Vinte dólares", repliquei.

"Muito bem!", disse Pai Rico gravemente. "Não se esqueça, invista por fluxo de caixa e você nunca terá que se aborrecer novamente. Invista por fluxo de caixa e você nunca terá que começar do zero em mercados de alta ou baixa. Invista por fluxo de caixa e você será um homem rico."

"Mas", eu disse, "é muito mais fácil fazer mais dinheiro com ganhos de capital. Os preços dos imóveis estão disparando. Encontrar investimentos que criam fluxo de caixa é muito difícil."

"Eu sei", disse Pai Rico. "Apenas escute o que estou lhe dizendo. Não deixe que a ganância e o dinheiro fácil impeçam que você se torne um homem rico e financeiramente inteligente. Nunca confunda *ganhos de capital* com *fluxo de caixa.*

Comentário

Quando era jovem, meu pai me ajudou com alguns investimentos em propriedades que vendi há um bom tempo. Arrumei um emprego e coloquei meu dinheiro em fundos mútuos como todo mundo. Comecei a jogar CASHFLOW e percebi quão importante era ter investimentos que criassem fluxo de caixa para mim. Comprei algumas propriedades. Se tivesse feito isso quando era mais jovem, estaria em posição bem mais privilegiada hoje.

miamibillg

Fluxo de caixa é mais difícil

Após 1971, os preços subiram, mas os salários não acompanharam a inflação. Ao mesmo tempo, os trabalhos estavam sendo exportados para o exterior. Sabendo que havia algo de errado com o dinheiro e querendo enriquecer rapidamente, as pessoas começaram a investir por ganhos de capital. As pessoas pararam de poupar e passaram a investir em coisas que valorizavam com a inflação. Os investimentos favoritos eram o mercado acionário e imobiliário. Hoje, entretanto, muitas dessas pessoas são os novos pobres.

Em 1929, antes do *crash,* as pessoas estavam emprestando dinheiro para comprar ações na margem – basicamente fazendo empréstimos para investir na bolsa de valores. Elas estavam apostando em ganhos de capital. Em 2007, de novo as pessoas apostavam em ganhos de capital com dinheiro emprestado – dessa vez com o mercado imobiliário e acionário. Essa crise é tão devastadora quanto a anterior.

Crise de ganhos de capital

Em 2009, a maioria dos investidores que estão com problemas são aqueles que investiram por ganhos de capital. Se eles tivessem focado em fluxo de caixa, talvez não estivessem tão afetados pela crise. Eles talvez não estivessem tão preocupados com a aposentadoria, com a universidade dos filhos ou com a perda de emprego.

Entre 2007 e 2009, o mercado de ações perdeu mais de 50% de seu valor – um valor medido em ganhos de capital.

De acordo com a Bloomberg.com, desde janeiro de 2007 o índice Case-Shiller de preços de residências, nas vinte maiores cidades americanas, caiu todos os meses nos últimos dois anos. Em algumas cidades o declínio foi de 33%, como por exemplo San Diego, Miami e Las Vegas. Em minha cidade, Fênix, segundo o *Arizona Republic,* o declínio foi de 50%, considerando os valores de pico. O Case-Schiller mede os ganhos de capital – o preço de um ativo em determinado momento *versus* o preço desse ativo em outro momento em particular.

Investindo por fluxo de caixa

Minha empresa de investimentos imobiliários possui muitas propriedades em Fênix, mas minha empresa não está abalada pela crise. Estamos bem porque investimos por fluxo de caixa. Alugamos apartamentos. Raramente vendemos propriedades. Vencemos a conspiração jogando o mesmo jogo que eles, o jogo do fluxo de caixa, o mesmo jogo que aprendi com meu Pai Rico enquanto jogávamos Banco Imobiliário.

O Banco Imobiliário *não é* um jogo de ganhos de capital nem de comprar na baixa para vender na alta. O Banco Imobiliário *não é* um jogo de diversificação: é sobre foco, planejamento, paciência e controle de longo prazo. O primeiro objetivo é controlar um dos quatro lados do tabuleiro. O segundo objetivo é melhorar as propriedades do lado que você controla, adicionando casas verdes e, possivelmente, um hotel vermelho. A estratégia final de investimentos é ter apenas hotéis vermelhos do seu lado do tabuleiro. Então você espera que os outros jogadores cheguem até o *corner*, desejando não chegar às suas propriedades. O principal objetivo é levar os outros jogadores à bancarrota e tomar todo seu dinheiro. Em 2009, muitas pessoas estão indo à bancarrota por causa do jogo real do Banco Imobiliário.

Eu teria ficado rico

Eu teria feito muito dinheiro se tivesse investido em ganhos de capital. Foi difícil investir por fluxo de caixa quando todos estavam investindo por ganhos de capital. Em 2009, no entanto, dei muito valor às lições do Pai Rico. Sei por que ele insistiu que eu focasse em fluxo de caixa e não me visse tragado pelo frenesi de comprar na baixa e vender na alta.

Hoje eu tenho quatro fontes principais de fluxo de caixa, sobre as quais falarei nos capítulos seguintes. São elas:

1. **Minhas Empresas.** Não importa se eu trabalhe ou não por dinheiro, o fluxo de caixa continua entrando em minha conta.
2. **Imóveis.** Minha esposa e eu temos imóveis que nos permitem renda passiva mensalmente.
3. **Petróleo.** Não invisto em ações de empresas de petróleo. Em vez disso, invisto como sócio em prospecção de petróleo. Quando encontramos o óleo, recebo dinheiro mensalmente pela venda de petróleo e gás natural.
4. ***Royalties.*** Meus livros estão licenciados para aproximadamente 50 editoras. Todos os trimestres, elas me pagam direitos autorais. Além disso, meus tabuleiros de jogos estão licenciados para aproximadamente 50 empresas. Sou pago trimestralmente por essas empresas também.

Fluxo de caixa para as pessoas comuns

A maioria das pessoas entende que é muito importante ter fluxo de caixa mensal. O problema é que a maioria delas não compreende a diferença entre boa e média estratégia para a obtenção de fluxo de caixa. Uma boa estratégia de fluxo de caixa é aquela que provê renda passiva com pouco ou nenhum pagamento de impostos e que você possa controlar. As estratégias médias de fluxo de caixa *são* justamente aquelas que são taxadas na alíquota máxima e sobre as quais você possui pouco ou nenhum controle. Alguns exemplos de estratégias médias são:

1. **Renda Fixa**. Juros de investimento em renda fixa são uma espécie de fluxo de caixa. Há dois problemas com fluxo de caixa proveniente de renda fixa. Os impostos e as taxas de administração, quando ocorrem, que subtraem valor de seus rendimentos. O segundo problema é a inflação e, possivelmente, a hiperinflação.

2. **Ações**. Algumas ações pagam dividendos, que é uma forma de fluxo de caixa. Milhões de aposentados ao redor do mundo vivem dos dividendos das ações que possuem. O problema é que, com a crise, muitas empresas cortam o pagamento de dividendos.

3. **Fundos de Pensão**. São uma forma de fluxo de caixa. O problema é que muito dos ativos dos fundos de pensão estão concentrados em mercado acionário e imobiliário, o que os coloca em situação de fragilidade perante crises.

Além disso, a maioria das empresas não possibilita esse tipo de benefício para seus empregados. Portanto, a maioria das pessoas precisa achar outra forma de gerar recursos para sua aposentadoria.

Por que nem todo mundo investe por fluxo de caixa?

Há algumas razões para que a maioria das pessoas não invista por fluxo de caixa e, sim, por *ganhos de capital.* Algumas dessas razões são:

1. A maioria das pessoas não sabe a diferença.

2. Quando havia um *boom* econômico, era muito fácil jogar o jogo de *ganhos de capital.* As pessoas presumiam que suas casas e suas carteiras de ações subiriam automaticamente com a inflação.

3. Investimentos por fluxo de caixa requerem maior sofisticação financeira. Qualquer pessoa pode comprar uma coisa e esperar que o preço suba. Encontrar bons investimentos que rendam bom fluxo de caixa requer conhecimento tanto do potencial de receita quanto de despesas, e como projetar o desempenho do investimento baseado nessas variáveis.

4. As pessoas são preguiçosas. Elas vivem para o presente e ignoram o futuro.

5. As pessoas esperam que o governo tome conta delas. Essa era a atitude de meu Pai Pobre e ele morreu pobre. Para meu Pai Pobre, era mais fácil esperar que alguém tomasse conta dele. Hoje, há, nos Estados Unidos, 60 milhões de *baby boomers* que provavelmente seguirão os passos dele.

Se você não quer seguir o exemplo de meu Pai Pobre, então os próximos capítulos são para você.

Conclusão

A forma de vencer a conspiração é primeiro aprender o nome do jogo e o nome do jogo é fluxo de caixa. Uma vez que você aprenda o nome do jogo, precisará aprender a terminologia – a linguagem do dinheiro.

Como discutimos anteriormente, dois termos muito importantes são *fluxo de caixa* e *ganhos de capital.* Em termos simples, 90% da população jogam o jogo de *ganhos de capital* e 10% jogam o jogo dos conspiradores de fluxo de caixa. Assim, apenas 10% ganham. Você quer ser um vencedor ou um perdedor? Quer ser médio ou excelente? Se você quer vencer no jogo do fluxo de caixa, o restante deste livro é para você.

Capítulo 8

Imprima o seu dinheiro

Cramer Versus *Stewart: O choque dos titãs da comédia*

O programa de televisão "The Daily Show", com Jon Stewart, é bem popular nos Estados Unidos. Supostamente, é para ser um programa de sátira política, mas as pessoas usam o show como fonte principal de notícias. Muitas pessoas sentem que os canais normais de noticiários se corromperam e acreditam que a sátira sobre as notícias são mais honestas.

Jim Cramer tem seu próprio programa de televisão, "Mad Money", que vai ao ar pela CNBC, e é um dos principais canais de notícias financeiras do mundo. Cramer é brilhante, divertido e faz o melhor que pode para que as pessoas se interessem por esse tipo de notícias. Ele e Jon Stewart possuem programas semelhantes sobre assuntos diferentes. Cramer fala de dinheiro e Stewart, de política, principalmente.

Em 12 de março de 2009, Jon Stewart convidou Jim Cramer para um programa conjunto. Naquela noite, Stewart não estava sendo engraçado. Estava furioso e falou para milhões de pessoas expressando sua frustração com a indústria financeira inteira, incluindo os programas de notícias sobre o assunto.

Stewart expressava o sentimento geral do público americano de hoje, dizendo que a CNBC e a mídia financeira poderia educar os americanos, mostrando a ideia de que há dois mercados: um para o longo prazo, no qual a média das pessoas investe e são encorajadas a investir, e outro, de prazo curtíssimo, rápido, acelerado, que está longe dos olhos do público. Esse mercado, Stewart disse: "É perigoso, é eticamente duvidoso e prejudica o mercado de longo prazo. Assim, o que parece para nós – e eu falo como um leigo – é que estamos capitalizando sua aventura com o dinheiro da aposentadoria e com o dinheiro arduamente ganho."

Comentários

Não acho que o que a mídia comum diz sobre a crise seja suficientemente confiável a ponto de alterar minhas carteiras de investimentos. Na verdade, não penso que eles façam isso intencionalmente, mas estão compartilhando conhecimento de sua perspectiva estreita.

hattas

Sei, por experiência como profissional do mercado, que a maneira mais rápida de perder dinheiro é negociar, vender ou comprar, enquanto se assiste aos programas especializados em mercado financeiro.

gone17

Um assalto à sua aposentadoria

Meu Pai Rico teria concordado com os sentimentos de Jon Stewart sobre a existência de dois mercados – um mercado de investimentos e um mercado de transações que joga com o dinheiro dos investidores. Quando o programa de previdência privada foi implementado nos Estados Unidos, meu Pai Rico me alertou para ficar longe dele. Seu alerta me levou a escrever *Profecias do Pai Rico* (Campus/Elsevier, 2003) e, mais tarde, colaborar com Donald Trump para escrever *Nós queremos que você fique rico,* em 2006.

Donald e eu não somos contra o mercado acionário. Ambos fundamos companhias cujas ações são transacionadas publicamente na bolsa de valores. Mas advogamos a favor da educação financeira responsável. A razão para sermos tão apaixonados pelo assunto é que há muitas pessoas e organizações que são o oposto disso. Elas tiram vantagem dos analfabetos financeiros para lucrar com as assim chamadas "notícias e educação". Como Jon Stewart implicitamente expressou em sua entrevista com Jim Cramer, a CNBC, como líder de programas sobre notícias financeiras, falha em educar as massas sobre o jogo real que está sendo jogado com seu dinheiro.

Sendo ex-administrador de fundos de hedge, Jim Cramer é, em minha opinião, um especialista no jogo da conspiração. Como você talvez saiba, os chamados *hedge funds* muitas vezes lucram à custa dos fundos de investimento, como os tubarões, que se alimentam de atum. Mesmo Cramer tendo prometido a Stewart durante a entrevista que ele se arrependeria e faria um trabalho melhor em oferecer educação financeira, para mim, até agora não fez nenhuma mudança – apenas mais desculpas e acusações. Mas, sério, como é que ele pode mudar? Sua própria sobrevivência como tal depende do jogo obscuro da conspiração.

O tubarão e o atum

Há cinco anos, meu irmão e sua esposa tiveram um bebê. Eles me perguntaram se eu não poderia abrir uma conta 529, que nos Estados Unidos é uma espécie de fundo de investimentos para a educação universitária do filho. Fiquei mais do que feliz em poder ajudar, mas queria ter a certeza de que não estaria jogando meu dinheiro fora. Imediatamente chamei meu corretor, Tom, e perguntei sobre o tal plano.

"Eu poderia abrir uma conta para você", disse Tom, "mas eu sei que você não vai gostar".

"Por quê?", perguntei.

"Porque a maioria dos planos 529 só pode investir em fundos mútuos", disse Tom. "Eu sei que você sabe o jogo que os fundos de investimento jogam."

"Obrigado", respondi. "Acharei alguma outra coisa."

Graças a Deus não abri aquela conta. Teria perdido mais de 40% de meu investimento no *crash de* 2007. Como disse Jon Stewart, há dois jogos em ação. Um é para os investidores de longo prazo de ações, títulos e fundos (o atum); o outro jogo é para os investidores de curto prazo, como os administradores dos fundos de hedge e os especuladores (os tubarões).

Mesmo que o mercado não tivesse colapsado, eu ainda não teria investido no plano 529 por causa de sua dependência dos mútuos fundos. Os fundos de investimento ajudam a si próprios, com o dinheiro de investidores pouco sofisticados, cobrando por taxas e despesas. Os fundos mútuos são investimentos pouco inteligentes para aqueles que não são financeiramente inteligentes.

A recusa de $4 milhões

Em 2001, quando *Pai Rico Pai Pobre* deslanchou, uma das maiores administradoras de fundos de investimento me pediu para endossar sua família de produtos. A empresa me ofereceu $4 milhões ao longo de quatro anos por meu apoio. Ainda que fosse muito tentador, recusei a proposta.

Uma das razões foi que eu não quis apoiar um produto no qual não acredito. Também, não precisava do dinheiro deles – ainda que fosse bom tê-lo. Eu sabia que minha verdadeira riqueza estava em meu conhecimento financeiro, não no dinheiro. Sabia que poderia fazer mais do que $4 milhões usando minha inteligência e operando em mercados em que acreditasse. Recusar $4 milhões foi difícil, mas vender minha alma não valia esse dinheiro.

Vale avisar que não sou contra o conceito de fundos de investimento. Sou contra, entretanto, as altas taxas e as despesas escondidas que roubam os investidores. Além disso, nos Estados Unidos existem milhares de fundos e apenas 30% deles superam a lucratividade do índice S&P 500, um dos índices acionários. Em outras palavras, tudo que se precisa fazer, no caso americano, é investir em um fundo indexado ao S&P e o investidor já terá superado mais de 70% dos administradores de fundos – e com menos dinheiro e mais retorno.

Como já disse anteriormente, os fundos de investimento são, geralmente, para os investidores médios e abaixo da média, os estudantes C do mundo da inteligência financeira. Os estudantes de nível A e B não investem em fundos.

O poder das palavras

Lembramos que a nova regra do dinheiro 1 é *Conhecimento é dinheiro* e a nova regra do dinheiro 6 é *Aprenda a linguagem do dinheiro.*

Uma das razões de tantas pessoas perderem tanto dinheiro em maus investimentos é as escolas falharem em nos ensinar o básico de educação financeira. Essa falta de educação financeira leva à incompreensão da linguagem do dinheiro. Quando um especialista em finanças recomenda, por exemplo, que você invista *para o longo prazo*, um investidor sofisticado questiona a definição de *longo prazo.* Como descobriu Einstein, tudo é relativo.

Uma das razões de Jon Stewart ter ficado aborrecido com Jim Cramer é Cramer ser um *trader.* Como regra geral, um *trader* é um investidor de curto prazo. Para um negociador de curto prazo, um investimento de longo prazo pode ser um dia – ou até mesmo uma hora. Os *traders* entram e saem do mercado, atacando muitas vezes os lucros das poupanças para a aposentadoria ou para a universidade dos investidores comuns. Em vez de usar a expressão *longo prazo,* um investidor sofisticado usa a expressão *estratégia de saída.* Um investidor inteligente sabe que não se trata do tempo que você *segura* um investimento. Trata-se de um plano para aumentar sua riqueza com aquele investimento ao longo de um período estabelecido.

Outra palavra mal compreendida é *diversificar*. Se você escutar a maioria dos gurus financeiros, eles sempre lhe dirão que o investidor inteligente diversifica. No entanto, cito Warren Buffett, em *O Tao de Warren Buffett* (GMT, 2007): "A diversificação é uma proteção contra a ignorância. Faz pouco sentido para aqueles que sabem o que estão fazendo."

Outra razão para tantas pessoas perderem dinheiro é elas não saberem o que estão fazendo e *não estarem diversificando*, mesmo que seu planejador financeiro diga que estão. Vou lhe dar alguns exemplos:

1. Um planejador financeiro dirá que você está diversificando se estiver investindo em setores diferentes: ações de telefonia, ações de companhias de petróleo, ETFs (Exchange-Traded Funds), ações de primeira linha, small caps, fundos de renda variável, fundos multimercado, CDBs. Ainda que tecnicamente você esteja diversificado entre setores, a realidade é que você não está diversificado porque investiu em apenas uma classe de ativos – papéis, ativos financeiros. Quando o mercado entrou em crise em 2007, todos os ativos financeiros associados ao mercado de ações afundaram. Estar diversificado foi pouco útil para aqueles diversificados apenas em ativos financeiros.

2. Um fundo de renda variável, por definição, já é diversificado – em ativos financeiros. Para piorar, há mais fundos do que ações individuais. Assim, muitos fundos contêm as mesmas ações. É como um comprimido de multivitamínicos. Comprar três desses fundos é como tomar três comprimidos de um complexo multivitamínico. Você pode até tomar três pílulas diferentes, mas, ao final, estará tomando as mesmas vitaminas – e possivelmente até mesmo tomando uma overdose delas.

3. A maioria dos especialistas em finanças só pode vender ativos financeiros. Como são licenciados para isso, será isso que venderão. Grande parte não tem licença para vender ativos tangíveis como imóveis, empresas, petróleo ou ouro. Então, naturalmente, eles venderão aquilo que lhes é permitido vender, não necessariamente o que você precisa, e isso não é diversificação. Eles recomendam a diversificação porque podem vender mais papéis e porque podem dispersar o risco, caso estejam errado em alguma coisa. Com frequência, não agem em seu interesse.

Como diz o ditado: "Nunca pergunte a um vendedor de seguros se você precisa de seguro." Você sabe qual será a resposta.

Um investidor sofisticado

Existem quatro categorias básicas de investimentos:

1. **Negócios.** Os ricos normalmente possuem vários empreendimentos, proporcionando renda passiva, enquanto uma pessoa normal pode possuir muitos empregos que fornecem receita auferida.

2. **Investimentos imobiliários de aluguel.** São propriedades que produzem renda passiva mensalmente na forma de aluguel. Sua casa ou a casa de férias não estão incluídas aqui, mesmo que seu planejador financeiro diga que são ativos.

3. **Ativos financeiros – ações, títulos, poupança, CDBs, seguros, fundos de investimentos.** A maioria dos investidores possui ativos financeiros porque são mais fáceis de comprar, requerem pouca administração e são líquidos – ou seja, é fácil sair do investimento.

4. **Commodities – ouro, prata, petróleo, platina etc.** A maioria dos investidores não sabe como ou onde comprar commodities.

Um investidor sofisticado investe em todas as quatro categorias. *Essa* é a verdadeira diversificação. A maioria dos investidores acredita que está diversificado, mas está apenas na categoria 3 – ativos financeiros. Isso *não é* diversificação.

Mesmas palavras, linguagem diferente

Minha opinião é que podemos usar as mesmas palavras, mas falamos uma linguagem diferente. *Longo prazo* para um investidor sofisticado significa algo diferente do que significa para um investidor novato. O mesmo é verdade para *diversificação* e muitas outras palavras. Até mesmo *investimento* tem significados diferentes. Para alguns significa sair e entrar rapidamente do mercado. Quando alguém me diz: "Invisto no mercado imobiliário", com frequência fico imaginando o que ele quer dizer com isso. Significa que é dono da casa em que vive? Ou é um investidor que compra e vende imóveis? Ou significa que ele compra propriedades que geram fluxo de caixa?

Minha segunda observação sobre palavras e linguagem é que os chamados especialistas querem parecer inteligentes, então usam palavras incomuns como *swap* para *defaults* ou *hedge* para confundir as pessoas comuns. Ambos os termos significam formas de seguro, mas, por Deus, os especialistas jamais usariam essa palavra. Claro! Todos saberiam o que eles estão dizendo!

Em *Grunch of Giants*, o Dr. Fuller escreve: "Um de meus amigos mais antigos, já falecido, era um gigante, um membro da família Morgan. Ele me disse: 'Bucky, gosto muito de você, por isso, sinto muito em ter que lhe dizer que você nunca será um sucesso. Você fica por aí explicando em termos simples coisas que as pessoas não estavam entendendo, quando a primeira lei do sucesso é: *Nunca simplifique quando você pode complicar.*' Assim, apesar de seu conselho pertinente, aqui estou explicando gigantes."

Estou orgulhoso em seguir a tradição do trabalho do Dr. Fuller. Mas, em vez de usar o termo *gigantes,* uso *conspiradores.* Meu objetivo é sempre explicar em termos simples aquilo que todos os outros fazem em termos complexos.

Tornando-se mais poderosos

O Dr. Fuller foi determinado sobre o poder das palavras. Durante um de seus discursos, ele disse: "As palavras são as ferramentas mais poderosas inventadas pelos humanos", conforme escreveu em *Critical Path.* "'No começo [da industrialização, isto é, cooperação humana tecnologicamente eficaz] *foi o verbo.'* A palavra falada e compreendida acelerou enormemente o desenvolvimento da informação de como a humanidade poderia lidar com os desafios da vida."

Antes de estudar com o Dr. Fuller, eu nunca havia respeitado o poder da palavra. Em 1983, tinha 36 anos quando finalmente compreendi por que meu Pai Pobre, um professor de carreira, tinha tanto respeito pelas palavras. Percebi por que eu havia sido expulso duas vezes das aulas de inglês do nível médio. Não respeitei o poder das palavras. Com isso, neguei a mim mesmo o poder de mudar minha vida. Ter o vocabulário de uma pessoa humilde me mantinha pobre. A atitude de uma pessoa pobre me mantinha em problemas financeiros. Finalmente compreendi o que o Dr. Fuller havia dito: "As palavras são os instrumentos mais poderosos inventados pelos seres humanos." Percebi que as palavras são o combustível do cérebro – nosso maior ativo e também nosso maior passivo. É por isso que acredito que, em 1903, o vocabulário financeiro foi retirado do sistema educacional. Para mim, a afirmação da Bíblia "E o Verbo se tornou carne" passou a ter um novo significado. Finalmente compreendi por que meu Pai Rico proibiu seu filho e a mim de usar as palavras: "Não posso arcar com isso" ou "Não consigo".

Ao contrário, ele nos disciplinou a perguntar "Como posso arcar com isso?" ou a dizer "Como posso fazer isso?". Finalmente percebi que minha vida é a soma total de minhas palavras.

Sabia que sempre seria um peão, vítima ou escravo da conspiração se não soubesse, compreendesse e usasse as palavras que os conspiradores usam. Foi a essa altura que me proibi de usar as palavras das pessoas comuns: "Consiga um bom emprego", "Economize", "Viva dentro de suas possibilidades", "Investir é arriscado", "Dívida é ruim", "Sua casa é um ativo" e outros mantras populares associados a dinheiro. Eu sabia que minha alforria financeira estava na compreensão das palavras e da linguagem financeira. Em 1983 me tornei um estudante das palavras e da linguagem da conspiração.

Comentário

Tenho um filho de 4 anos. Desde que ele começou a falar, tenho ensinado a ele coisas simples relacionadas ao dinheiro para plantar aquelas sementes que, espero, permanecerão com ele quando se tornar adulto. Sempre que ele recebia algum dinheiro como presente eu lhe perguntava: "O que fazemos com o dinheiro?" E ele respondia: "Poupamos!" Estava orgulhoso com esse fato até que refleti um pouco mais. Agora eu o ensinei a dizer: "Investimos!" Claro que essa foi a parte fácil... Agora tenho que ensiná-lo sobre as quatro categorias de investimento.

bgibbs

Armas de destruição em massa

Warren Buffett se refere aos *derivativos* como "armas financeiras de destruição em massa". Até 2007, apenas algumas pessoas sabiam o que era um derivativo. Hoje, bilhões de pessoas ouviram falar de derivativos, mas ainda não têm a menor ideia do que a palavra signifique. Como consequência, os financeiramente ignorantes agora acham que derivativos são ruins, perigosos ou alguma criação financeira sofisticada que apenas a elite financeira pode usar, criar ou entender. Nada está mais longe da verdade.

Repetindo o conselho que Buckminster Fuller recebeu de seu amigo da família Morgan: "A primeira lei do sucesso é: 'Nunca simplifique quando pode complicar.'" E é isso que o mundo financeiro faz. Pega o simples e o torna complexo.

Ao transformar o simples em complexo, o mundo financeiro soa inteligente e faz você se sentir estúpido quando se trata de dinheiro. Quando você se sente estúpido, é mais fácil arrancar seu dinheiro. Minha esposa e eu fundamos a Rich Dad Company em 1997 com o objetivo expresso de proteger as pessoas de seus predadores financeiros e equipá-las com habilidades de decisão financeira sólida. Nosso objetivo era criar produtos de educação financeira como jogos, livros, produtos da Web, coaching e programas avançados de educação financeira que simplificassem as finanças. Você pode ser uma criança ou um PhD e, ainda assim, compreenderá nosso trabalho.

Hoje, *derivativo* é uma das palavras financeiras mais poderosas do mundo. A comunidade financeira trabalhou duro para criar a mística e fazer parecer que era um conceito complicado. É por isso que tão poucas pessoas sabiam a palavra até recentemente e Warren Buffett se referiu a ela como arma de destruição em massa. Mas, na realidade, o conceito de derivativos não é complicado.

Uma definição de derivativo é *uma substância que pode ser feita de outra substância.* Por exemplo, suco de laranja é um derivativo da laranja. Uma definição de derivativo financeiro é *ter valor de um ativo variável subjacente.* Por exemplo, um lote de ações comuns é um derivativo de uma companhia real, como a Apple, por exemplo. De maneira simples, quando alguém compra ações da Apple, está comprando um derivativo da Apple, a companhia. Quando você compra um fundo de ações, está comprando um derivativo daquele fundo, que é um derivativo de ações – um derivativo de um derivativo.

O que Warren Buffett não disse, mas poderia ter dito, é que os derivativos são também instrumentos para *criação financeira em massa.* Os derivativos são os meios que os 10% usam para arrancar dinheiro dos 90%. Acredito que a crença de Buffett foi que quando você começa a investir em derivativos de derivativos de derivativos, o investimento se torna mais volátil.

Veja, por exemplo, uma videira. As uvas vêm das videiras, portanto, são derivativas das videiras. Você pode comer as uvas e isso pode ser muito benéfico para sua saúde. Você pode também espremer as uvas e fazer suco delas. Então, o suco de uva é um derivativo da uva que é um derivativo da videira e, ainda assim, é bom para você. Mas quando você usa o suco para fazer vinho, o derivativo, nesse caso o vinho, se torna mais potente e mais volátil. Se você se torna viciado no derivativo conhecido como vinho, você se torna um alcoólico. Nesse caso, o vinho se torna uma arma de destruição física em massa. Saúde, famílias e fortunas se perderam por causa do alcoolismo. Uma cadeia similar de reações aconteceu durante a crise financeira. A ironia é que muitos dos criadores dessa mistura tóxica, potente e volátil de derivativos financeiros ainda estão no controle do espetáculo – e ainda estão criando suas poções de bruxa.

A razão para a Parte I ser sobre história financeira é porque, por meio da história, podemos ver melhor o presente e o futuro. Antes de 1971, o dólar era um derivativo do ouro. Após 1971, o dólar e outras moedas se tornaram derivativos de dívidas, lastreadas na promessa dos contribuintes de pagar as contas. A grande questão é: Os contribuintes serão capazes de honrar essas dívidas? No caso americano, são trilhões de dólares utilizados para a salvação (os *bailouts*) dos ricos. Qual é o futuro do dólar americano?

Hoje, a arma real de destruição em massa são as moedas correntes.

Crie o seu dinheiro

Criar um derivativo é tão fácil quanto espremer suco de uma laranja. Ao simplificar e compreender a definição de um derivativo financeiro, você pode facilmente tirar vantagem do poder de tal palavra. Digamos que você tenha $100 e seu amigo queira esse dinheiro emprestado por um ano. Então, você faz seu amigo assinar uma duplicata para pagar juros de 10% ao ano, ou seja, $110. Você acabou de criar um derivativo, que são os 10% ou $10, que você receberá em um ano. Você extraiu $10 de seus $100.

No Capítulo 5, escrevi sobre o sistema de reserva fracionária. Os bancos fazem exatamente o que acabei de descrever no último parágrafo, mas em nível muito maior. Eles criam um derivativo à terceira potência – um derivativo de um derivativo de um derivativo.

Digamos que você coloque $100 em uma poupança. O banco pega seu dinheiro e cria um derivativo, prometendo lhe pagar juros. Então as leis bancárias permitem, via sistema de reserva fracionária, que os bancos emprestem seus $100 em múltiplos, a juros de, digamos, 10 ou 20 vezes o que eles lhe pagam. Digamos que os bancos paguem $6 a você e, com seu dinheiro, emprestem 10 vezes a 30% ao ano. São $1.000 ($100 × 10) a 30%, portanto, $1.300. Isso acontece na vida real toda hora, todos os dias.

Uma das razões para a atual crise financeira ser tão intensa e ter se espalhado tanto é, em 2004, a SEC (Securities and Exchange Comission – a correlata à nossa CVM – Comissão de Valores Mobiliários) ter permitido que os cinco maiores bancos de investimento aumentassem suas reservas fracionárias de 10 para tão alto quanto 40. Em outras palavras, se você colocasse $100 nos bancos, os maiores bancos poderiam emprestar $4 mil e, então, as centenas de bancos que emprestavam esse dinheiro poderiam emprestar 10 vezes esses $4 mil. Todo esse dinheiro precisava ser empregado em algum lugar e, rapidamente, começou a procura por qualquer um que pudesse colocar seu nome em um contrato imobiliário. A bagunça do *subprime* se expandiu e explodiu – arrastando consigo toda a economia mundial. Assim, não foram os derivativos o problema, mas a ganância nos níveis mais altos do sistema bancário e do governo. Cito novamente Buffett em *O Tao de Warren Buffett*: "Quando você combina ignorância e dinheiro emprestado, as consequências podem ser interessantes."

Todos podem criar derivativos

Meu argumento é que todos nós podemos criar derivativos simples. Podemos criar dinheiro do nada – derivativos de nossos pensamentos. Todos nós temos o poder de criar nosso próprio dinheiro se treinarmos nossas mentes para pensar em termos de derivativos. Em outras palavras, o dinheiro pode ser *um derivativo do conhecimento financeiro*. É por isso que a educação financeira é tão importante, e porque acredito não ser ensinada nas escolas. A conspiração não quer que você e eu entremos em seu jogo.

Comentário

Minha esposa acabou de me perguntar se eu me lembrava quão poderosos nos sentimos na primeira vez que criamos derivativos. Criamos um programa eficaz de treinamento de vendas de imóveis e conseguimos 20 participantes. Foram $20 mil diretamente para nossa conta corrente (além disso, temos 20 pessoas felizes porque estão vendendo mais imóveis...) Eles dizem que Deus deu a cada um deles pelo menos um dom ou habilidade. "Derivar" produtos ou serviços de seu conhecimento ou experiência, que outras pessoas querem, é altamente libertador e estimulante! Na primeira vez que fizemos isso sabíamos que poderíamos ser financeiramente livres e conquistar autonomia pessoal!

davehohler

O dinheiro é infinito

Quando você aprende como criar derivativos, o dinheiro se torna infinito. Explico em termos simples a seguir.

Para que um derivativo exista, precisa haver um fluxo de caixa. Por exemplo, quando um banco cria um empréstimo imobiliário, que é o derivativo de uma casa, você concorda em entregar dinheiro para o banco em pagamentos mensais. Para que o derivativo exista, é preciso haver duas partes interessadas. Uma parte paga e a outra recebe. No caso da hipoteca, o banco é uma parte da equação e você é a outra. A questão é: De que lado você quer estar? Você quer ficar na parte do devedor ou do credor?

Uma vez entendido o poder da palavra *derivativo,* soube de qual lado eu queria estar. Queria estar do lado do recebedor, os 10% que recebem fluxo de caixa dos outros 90%.

Uma das razões pelas quais não economizo é eu ser um emprestador, não um poupador. Eu amo as dívidas – conquanto que outra pessoa pague por elas. Faço o que os bancos fazem. Empresto, por exemplo, $1 milhão a 10% e compro um prédio de apartamentos. Sigo a primeira regra do dinheiro: *conhecimento é dinheiro* e aplico meu conhecimento para conseguir inquilinos que me paguem pelo menos 20% pelo $1 milhão que emprestei a 10%.

Nesse exemplo bastante simplificado, faço $200 mil por ano sobre o milhão emprestado – e tenho um lucro líquido de $100 mil para mim. De acordo com esse exemplo, no momento em que o inquilino assina o contrato de locação, crio um derivativo de meu prédio de apartamentos que dá ao inquilino o direito de lá viver conforme as regras estabelecidas no preço acordado. Se isso faz sua cabeça girar, procure um amigo e discuta esse exemplo de derivativo até que você o compreenda bem, até que se torne *carne,* parte de você.

Quando entendi o poder da palavra derivativo e coloquei meu conhecimento em prática, soube que seria um homem livre e nunca precisaria novamente de emprego. Não precisaria comprar participações em fundos de investimento e poderia me aposentar.

Além disso, quando entendi o poder da palavra *derivativo,* pude transitar em outras áreas que não o mercado imobiliário. Este livro, por exemplo, é um derivativo. Para aumentar a potência dele, pedi a meu advogado que criasse uma licença para ele. Essa licença é um derivativo do livro. Então, vendi a licença do livro para 50 editoras ao redor do mundo. As editoras pegam essa licença que compraram de mim e imprimem livros, outro derivativo, e os colocam nas livrarias de seus países. Uma vez por trimestre eu recebo *royalties* dessas 50 editoras. Os pagamentos de *royalties* são derivativos dos livros, os livros são derivativos da licença, a licença é um derivativo deste livro e este livro é um derivativo de mim. A maioria dos autores pensa em termos de livros, eu penso em termos de derivativos.

Poderia explorar mais exemplos complexos, mas por quê? Meu trabalho é tornar as coisas simples, não complexas. Eu nunca faria parte da família Morgan! Entretanto, ainda que esteja simplificando os conceitos financeiros, não estou dizendo que seja fácil. Levei anos para me livrar dos pensamentos do meu Pai Pobre e mudar para a forma de pensar de meu Pai Rico. E continuo minha educação ainda nos dias de hoje. Se você acha que sabe tudo – então, você nada sabe.

Dei apenas dois exemplos simples do porquê de os 10% das pessoas fazerem 90% do dinheiro e do porquê de os outros 90% das pessoas dividirem os restantes 10% do dinheiro. Tudo começa com saber, entender e respeitar o poder das palavras e, então, escolher suas palavras cuidadosamente. Você também tem que se livrar de certas palavras que o deprimem, como "saia das dívidas", "nunca serei rico", "investir é arriscado" e "invista para o longo prazo em uma carteira bem diversificada". Você precisa saber e usar palavras como *derivativo* e *fluxo de caixa,* assim como outras palavras que a conspiração usa. Se você enriquecer seu vocabulário, enriquecerá sua vida. Direi como você pode acelerar esse processo de enriquecer seu vocabulário nos capítulos seguintes. Em outras palavras, se você quer mudar sua vida, comece mudando suas palavras. O melhor de tudo é que as palavras não custam nada.

Concluindo

Comecei o capítulo falando sobre o encontro entre Jon Stewart e Jim Cramer.

Durante a entrevista, Jon Stewart disse a Jim Cramer: "*Entendo que você queira fazer das finanças algo divertido, mas isso não é um* [expressão censurada] *de um jogo... Nem consigo exprimir quão furioso estou, porque o que me parece é que vocês sabem muito bem o que está acontecendo.*"

Ainda que eu certamente simpatize com a raiva de Jon Stewart, discordo dele nessa afirmação. Cramer pode até saber como as pessoas comuns são exploradas pelo mercado, como os tubarões predam os cardumes de atuns, mas duvido que saiba como os ricos criam seu próprio dinheiro.

Cramer é um *trader* esperto em uma embalagem de animador de programa de televisão. Mas, para mim, Cramer trabalha para a conspiração, por isso precisa dar dicas de finanças e falar sobre o movimento das ações na

Bolsa de Valores, dando insights sobre quais vão subir ou descer. Em minha opinião, seu trabalho é fazer mais *atuns* colocarem seu dinheiro no mercado acionário, para que ele flua para os derivativos conhecidos como ações, títulos e fundos de investimento – todos derivativos de um jogo imenso. Acredito que o trabalho dele seja atrair os 90% para o jogo dos 10%. Nos capítulos seguintes, explicarei como você pode fazer parte dos 10% que imprimem seu próprio dinheiro. Afinal, se você pode criar uma duplicata, você pode criar um derivativo – e isso é imprimir seu próprio dinheiro.

Lembre-se da nova regra do dinheiro: *conhecimento é dinheiro*. Esse conhecimento começa com o poder das palavras que, por sua vez, permitem que você fale a linguagem da conspiração. Falar a mesma linguagem permite que você se conecte com o poder da conspiração sem ser um peão, escravo ou vítima da conspiração. Ao falar a linguagem, você pode jogar seu próprio jogo, e o nome do jogo é fluxo de caixa.

Capítulo 9

O segredo do sucesso: vendas

Frase: *Encontrei seu advogado e ele me sugeriu que fizéssemos uma reunião em seu escritório, às 14 horas.*

O que você pensou?

Se você recebesse um bilhete ou e-mail com esse recado, para onde iria? Seu próprio escritório ou o escritório de seu advogado?

A razão de citar uma frase assim é ilustrar o poder das palavras e como elas podem ter diversos sentidos, causando desentendimentos, enganos, desinformação e ilusão. Muitos termos financeiros contidos em aconselhamentos podem, na verdade, prejudicar a vida das pessoas. Chamo esses termos financeiros enganosos de *conto de fadas financeiros.*

Conto de fadas financeiro 1: Viva de acordo com suas possibilidades

Para mim essas palavras são assassinas de sonhos. Primeiro, quem gosta de viver abaixo de suas possibilidades? Não queremos todos viver uma vida rica, plena e abundante? O conceito de "não gastar mais do que se ganha" mantém as pessoas pobres, emocionalmente vazias e espiritualmente neutras. Se você olhar com mais acuidade os significados dessas palavras, verá vários sentidos, como: "Não deseje as coisas boas da vida" ou "Você não pode ter o que deseja". Em vez de aceitar o aviso como uma verdade absoluta, a pessoa deveria se perguntar: "Será que viver abaixo de minhas possibilidades me permitirá viver a vida que quero? Viverei feliz para sempre, como acontecem nos contos de fada?"

Comentário

Nunca pensei que viver de acordo com suas possibilidades fosse algo ruim; para mim, significava ser um bom administrador ao gastar menos do que se ganha. Se quiser gastar mais, então ganhe mais primeiro. Mas agora sei que a expressão é perniciosa. Ela não menciona expandir suas possibilidades nem o encoraja a fazê-lo. A forma como é escrita se traduz em "Seja feliz com o que você tem 'porque é tudo que você terá'." É a morte dos sonhos.

ktyspray

Meu Pai Pobre acreditava em viver de acordo com suas possibilidades. Nossa família viveu frugalmente, tentando constantemente economizar. Como descendentes da Grande Depressão, meu pai e minha mãe pouparam sempre – até mesmo reutilizando o papel alumínio – e sempre compraram coisas baratas, inclusive comida.

Meu Pai Rico, ao contrário, não acreditava em viver dentro das possibilidades. Em vez disso, ele encorajou seu filho e a mim a buscar nossos sonhos. Isso não significa que era esbanjador ou perdulário. Ele não era exibido nem ostentava sua fortuna. Ele achava que aconselhar as pessoas a viverem abaixo de suas possibilidades era psicológica e espiritualmente danoso. Ele acreditava que a educação financeira daria às pessoas mais escolhas e mais liberdade para decidir como queriam viver suas vidas.

Pai Rico acreditava que os sonhos eram importantes. Ele dizia com frequência: "Os sonhos são presentes pessoais de Deus, nossas próprias estrelas no céu, nos guiando ao longo de nossas vidas." Não fosse pelos sonhos, meu Pai Rico nunca teria me tornado um homem rico. É por isso que o primeiro passo de meu jogo CASHFLOW começa com os jogadores selecionando seus sonhos. Em memória de meu Pai Rico, minha esposa Kim e eu intencionalmente desenhamos o primeiro passo do jogo dessa forma.

Pai Rico dizia com frequência: "Você talvez nunca alcance as estrelas, mas elas guiarão você em sua jornada pela vida."

Quando eu tinha 10 anos, sonhei em velejar pelo mundo como Colombo e Magellan. Não tenho ideia do porquê desse sonho. Simplesmente sonhei.

Aos 13 anos, em vez de esculpir saladeiras em madeira, passei o ano construindo um veleiro de oito pés. Já estava mentalmente velejando no oceano assim que construí aquele veleiro.

Aos 16, minha orientadora na escola me perguntou: "O quê você quer fazer quando se graduar?"

"Quero velejar para o Taiti, beber cerveja no Bar do Quinn [famoso local nas ilhas] e conhecer belas mulheres taitianas", respondi.

Com um sorriso, ela me deu uma brochura da Academia da Marinha Mercante dos Estados Unidos. "Esta é a escola para você", ela disse, e em 1965 me tornei um dos dois alunos da minha escola selecionados pelo Congresso Americano para frequentar a academia militar que treina oficiais para a Marinha Mercante dos Estados Unidos, uma das instituições de ensino mais seletivas do país. Sem meu sonho de velejar para o Taiti, nunca teria entrado para a academia.

Em 1968, como estudante da academia, naveguei para o Taiti em um petroleiro. Quase chorei quando a quilha do navio cortou suavemente as águas cristalinas de uma das mais belas ilhas do mundo. E sim, eu realmente fui ao Bar do Quinn – e conheci algumas belas mulheres taitianas. Quatro dias depois, quando o navio-tanque retornou ao Havaí, senti a satisfação que surge quando realizamos nossos sonhos de infância. Era hora de pensar em novos sonhos.

Em vez de viver abaixo de minhas possibilidades, Pai Rico me lembrava constantemente de ampliar os limites de minha vida. Mesmo quando tinha pouco dinheiro, dirigia um bom carro e vivia em um apartamento de frente para o mar na Diamond Head. O conselho de Pai Rico era nunca pensar, parecer ou agir como uma pessoa pobre. Ele me lembrava constantemente de que "o mundo trata você da mesma maneira que você trata a si próprio".

Isso não significa que eu era imprudente com meu dinheiro. Minha demanda pessoal por um padrão mais alto de vida exigiu que eu forçasse minha mente a determinar como poderia conseguir os luxos da vida, ainda que eu tivesse pouco dinheiro. Aos olhos do Pai Rico, estava treinando meu cérebro para pensar como uma pessoa rica ao combater a pessoa pobre em mim. Ele dizia com frequência: "Quando você não tiver dinheiro, pense e use a cabeça. Nunca ceda à pessoa pobre dentro de você."

Consegui as coisas que queria usando minha cabeça. Dirigi um Mercedez conversível ao comercializar um serviço de consultoria para o uso do carro. Vivi em um apartamento de luxo na praia ao fazer um trabalho de marketing para uma família que vivia em outra ilha havaiana. Em troca pelo trabalho que realizei para eles, permitiram que eu vivesse em seu apartamento localizado em uma das mais belas vistas frontais do mar em Diamond

Head por cerca de $300 por mês – o preço que a maioria das pessoas paga por uma única noite. Em vez de viver dentro de minhas possibilidades, eu forçava minha mente a encontrar maneiras de viver uma vida elegante, sem explodir minhas finanças. Uso as mesmas habilidades em meus negócios hoje. Se não tenho dinheiro para algo que quero, uso minha mente para descobrir como consegui-lo. Não permito que a quantidade de dinheiro no banco delimite minha vida.

Sempre que escuto os especialistas em finanças dizerem "Gaste menos do que ganha", eu me arrepio. O que estou escutando é um especialista em finanças dizendo: "Sou mais inteligente do que você. Deixa que eu digo como é que você deve viver sua vida. O primeiro passo é me dar seu dinheiro e eu o administrarei para você. Milhões de pessoas seguem esse conselho como carneirinhos, vivendo abaixo de suas possibilidades e entregando seu dinheiro para os "especialistas financeiros" que o entregam para os agentes financeiros.

Em vez de entregar nosso dinheiro para os especialistas, Pai Rico nos encorajou, a seu filho e a mim, a nos tornarmos nossos próprios especialistas ao estudar o dinheiro, os negócios e os investimentos. Viver dentro das possibilidades pode ser interessante para algumas pessoas, mas não para mim. Por que viver dentro de nossas possibilidades se uma vida plena e abundante está ao nosso alcance?

Se você quer mudar sua vida, comece mudando suas palavras. Comece falando as palavras de seus sonhos, de quem você quer se tornar, não as palavras do medo e do fracasso. Pense nessa crise financeira como uma bênção e não uma maldição, uma oportunidade mais do que um problema, um desafio em vez de um obstáculo, uma época de ganhar em vez de perder e um tempo de ser corajoso e não medroso. Fique feliz quando as coisas são difíceis porque a dificuldade é a linha que divide os vencedores dos perdedores. Pense em dificuldades e batalhas como o campo de treino dos vencedores.

Em vez de viver abaixo de suas possibilidades, sonhe grande e comece pequeno. Comece com pequenos passos. Seja inteligente, eduque-se financeiramente, crie um plano, procure um *coache* vá em busca de seus sonhos. Como um jovem ao jogar Banco Imobiliário, Pai Rico viu seus sonhos no tabuleiro – o plano de sua vida e seu plano para sair da pobreza. Ele começou com pequenas casinhas verdes no tabuleiro do Banco Imobiliário e sonhou com seu hotel enorme em Waikiki. Ele levou cerca de vinte anos para realizar seu sonho. Graças ao Pai Rico, meu mentor e meu *coache,* consegui realizar meu sonho de liberdade financeira após dez anos de perseverança. Não foi fácil. Cometi muitos erros. Fui repreendido mais vezes do que fui elogiado. Perdi dinheiro e fiz dinheiro. Encontrei muitas pessoas boas, algumas poucas sensacionais e muitas, muitas pessoas terríveis. Com cada uma delas ganhei algo de sabedoria que não aprendi na escola ou nos livros. Minha jornada não foi sobre o dinheiro, mas sobre o que me tornei no processo. Eu me tornei uma pessoa rica, que não deixa o dinheiro ou a falta dele ditar os limites da vida.

Conto de fadas financeiro 2: Vá para a escola, e você conseguirá um bom emprego

Meu Pai Pobre valorizava a segurança no emprego. Por isso, ele acreditava tanto nas escolas e em uma boa educação acadêmica.

Meu Pai Rico valorizava a liberdade financeira. É por isso que ele acreditava tanto na educação financeira. Ele dizia com frequência: "As pessoas com mais segurança estão na prisão. É por isso que eles chamam de "segurança máxima." Ele também disse: "Quanto mais segurança você busca, menos liberdade você tem."

Veja a seguir o Quadrante CASHFLOW.

No Quadrante CASHFLOW:

E significa *empregado*
A significa *autônomo* (proprietários de pequenos negócios e especialistas como médicos e advogados)
D signifca *dono* (proprietários de grandes empresas)
I significa *investidor*

Você pode perceber que o sistema escolar faz um bom trabalho em produzir Es e As, o lado esquerdo do quadrante, o lado onde a segurança é apreciada.

Os quadrantes D e I, o lado direito do quadrante, é onde a liberdade financeira é apreciada. Dada a falta de educação financeira nas escolas, o lado direito, os quadrantes D e I, continua um mistério para a maioria das pessoas. É por isso que a maioria diz que iniciar um negócio ou investir é arriscado. Qualquer coisa é arriscada se você não tem educação, experiência e orientação para fazê-la corretamente e bem.

ESCOLHA SEUS ESPECIALISTAS CUIDADOSAMENTE

Escuto muitos especialistas financeiros, mas sigo o conselho de apenas alguns. Um especialista que sigo religiosamente é Richard Russell, *expert* em mercado de ações. Veja o que Richard Russell fala sobre o investimento de longo prazo em ações: "O mercado [de ações] pode ser comparado ao jogo em Las Vegas. Quando você joga em Las Vegas, está apostando contra as chances do cassino. É por isso que se você joga por muito tempo em Vegas, sempre acabará perdendo dinheiro."

Russell também diz, sobre as pessoas que investem em contos de fadas: "Investir no mercado de ações é um estresse de longa duração para as pessoas que querem algo [lucro] sem fazer nenhum trabalho real por esses lucros imaginários."

O problema com a maioria dos assessores financeiros é que eles estão nos quadrantes E e A e trabalham para D e I. Muitos especialistas financeiros não são do quadrante D nem I nem são pessoas ricas.

No *Tao de Warren Buffett,* Warren Buffett diz o seguinte sobre os assessores financeiros: "Wall Street é o único lugar onde as pessoas que dirigem Rolls-Royce são aconselhadas por aqueles que pegam metrô."

Os gráficos seguintes, entregues a mim pela especialista da Pai Rico, Andy Tanner, demonstram a falácia de que usar um especialista para administrar uma carteira diversificada é geralmente uma decisão sábia. A primeira mostra a porcentagem de retornos do Fundo Fidelity Magellan (um dos fundos mais conhecidos do mundo) *versus* os retornos do Dow Jones e do S&P 500.

Como você pode ver, os índices gerais, *não administrados*, Dow Jones e S&P 500 superaram em muito a performance do Fidelity Magellan nos últimos vinte anos.

Entretanto, isso não é o pior. Este outro gráfico mostra a relação entre o fundo e as taxas cobradas pela administração do fundo.

Comparação de Retorno de Performance

Fundo Fidelity Magellan *versus* S&P 500 e Dow Jones Industrial

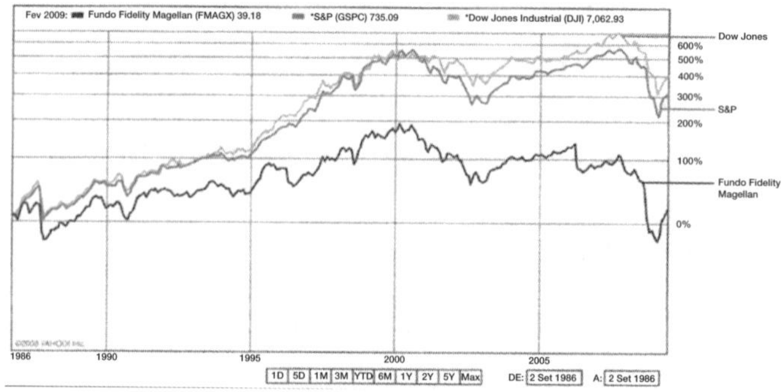

Como você pode observar, o Fundo Fidelity Magellan gerou $4,8 bilhões de taxas ao mesmo tempo em que *não* superou a performance do Dow Jones nem do S&P 500. Ao investir nos índices *não administrados* do Dow e do S&P 500, você não apenas teria tido um retorno melhor, mas teria poupado muito dinheiro com as taxas de administração no processo.

Fundo Fidelity Magellan

Demonstrativo de Taxas de Administração e Performance da Cesta de Ações

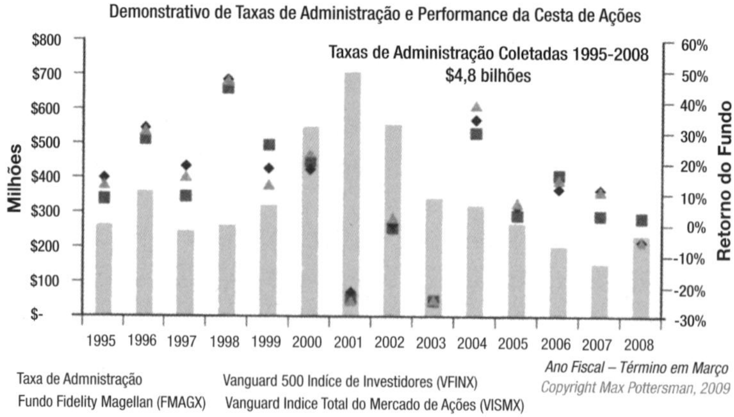

Reproduzido com a autorização da Yahoo!Inc 2009

Se seu objetivo é viver uma vida plena e rica, é essencial que você aprenda as diferenças entre os lados direito e esquerdo do quadrante CASHFLOW e que seja cuidadoso com os conselhos e os conselheiros financeiros que escuta. Onde você se encontra no quadrante CASHFLOW tem enorme implicação em sua habilidade de sair da corrida humana insana e exaustiva (*rat race)* e mudar para o procedimento acelerado e direto de conquistar o que você quer (*fast track).*

Conto de fadas financeiro 3: A previdência social e o mercado de ações

Em dezembro de 2008, o mundo conheceu Bernard Madoff e os esquemas de pirâmides, também chamados de Esquemas Ponzi. O termo Esquema Ponzi foi assim cunhado por causa de Charles Ponzi, um italiano que emigrou para os Estados Unidos e foi preso por enganar investidores em 1920. Um esquema Ponzi significa "uma operação fraudulenta de investimento do tipo esquema em pirâmide que paga aos investidores às custas do dinheiro pago pelos investidores que chegarem posteriormente". Em outras palavras, rouba-se de Pedro e Paulo para pagar Ponzi.

Bernie Madoff confessou-se culpado por seu esquema de pirâmide em 12 de março de 2009 em 11 ações de queixas criminais pelo roubo de mais de $65 bilhões de dinheiro de investidores.

O esquema de pirâmide de Madoff é considerado o maior da história, mas eu acredito que não. Dado que as pessoas entendem o que seja um esquema de pirâmide, elas não veem que o maior esquema desse tipo ainda está em operação nos dias de hoje. Em termos simples, um esquema de pirâmide é um conto de fadas financeiro. Ele só funciona se os investidores continuarem a colocar dinheiro; assim, o administrador, nesse caso Madoff, pode pagar aos investidores antigos. Um esquema Ponzi continua funcionando enquanto novas pessoas estão dispostas a colocar dinheiro nele. Ele, sozinho, não gera fluxo de caixa suficiente para sustentar suas operações.

Se você pensa na definição de um esquema Ponzi e suas implicações, chegará à conclusão de que a previdência social é um esquema de pirâmides. A previdência social só funciona se os jovens trabalhadores continuarem a colocar dinheiro no pote. A maioria das pessoas entende que o pote da previdência está se esvaziando e não se enchendo, mesmo assim continua a colocar dinheiro naquilo que considero o maior esquema de pirâmides da história, patrocinado pelo governo. O que se espera é que pelo menos reste algum dinheiro para a sua aposentadoria.

Não acho que esse seja o único esquema Ponzi ainda em operação hoje. Outro que é um dos maiores esquemas de pirâmide entre todos é o mercado de ações, em que boa parte dos trabalhadores mais novos investe, inclusive por meio dos fundos de previdência privada. No mercado de ações, os investidores só fazem dinheiro quando o preço das ações sobe – conquanto dinheiro novo seja bombeado no mercado. Se o dinheiro sai do mercado, o preço das ações cai e os investidores perdem seu dinheiro.

É por isso que saber a diferença entre ganhos de capital e fluxo de renda é importante. Todos os esquemas de pirâmide se baseiam em ganhos de capital. Para que os preços subam, dinheiro novo precisa entrar. Por essa razão, considero o mercado acionário um esquema Ponzi. Se dinheiro novo não entrar, o mercado entra em colapso. O mesmo acontece com os mercados imobiliário e de títulos. Enquanto o dinheiro continuar a entrar, os ganhos do esquema de pirâmide manterão o barco flutuando. Mas se as pessoas quiserem seu dinheiro de volta, o preço cairá e não haverá suficiente para pagar a todos.

A importância da educação financeira

Existem três tipos de educação requeridos para o sucesso hoje. São eles:

1. **Educação Acadêmica.** Habilidade de ler, escrever e resolver questões de matemática.
2. **Educação Profissional.** Aprender a trabalhar por dinheiro.
3. **Educação Financeira.** Aprender a fazer o dinheiro trabalhar para você.

O sistema escolar faz um trabalho adequado com os dois primeiros tipos de educação, mas falha miseravelmente ao tratar de educação financeira. Milhões de pessoas altamente educadas perderam trilhões de dólares porque o sistema escolar deixou de lado a educação financeira.

Não me dei bem na escola. Nunca fui bom em leitura, escrita ou matemática. Ainda garoto, soube que o sistema escolar não era o ambiente no qual eu me formaria para ser um vencedor. Foi por isso que foquei minha educação financeira. Ao estudar os quadrantes D e I, soube que poderia ter mais dinheiro e liberdade do que qualquer pessoa que se preparasse para os quadrantes E e A.

A *VIDA APÓS A DEPRESSÃO*

Como mencionei, a última depressão teve efeito profundo em meu Pai Pobre. Ele foi para a faculdade e conquistou seu conto de fadas, um emprego seguro de professor. Ele se sentia seguro no quadrante E. O problema é que seu conto de fadas se tornou um pesadelo quando ele perdeu o emprego e depois perdeu suas reservas para a aposentadoria, quando seguiu um péssimo aconselhamento financeiro. Não fosse pela previdência pública, ele teria enfrentado sérias dificuldades financeiras.

A última depressão também teve profundo efeito em meu Pai Rico. Ele sabia que seu futuro estava nos quadrantes D e I e, embora nunca tenha sido uma estrela acadêmica, era um estudante astuto da educação financeira. Quando a economia se recobrou, seu QI financeiro estava muito bem preparado e sua vida e seus negócios dispararam. Seus sonhos se tornaram realidade.

Em 2010, milhões de pessoas estarão seguindo os passos de meu Pai Pobre. Muitos voltarão para a escola e serão *retreinados* para os quadrantes E e A, mas não estarão expandindo sua educação financeira. Na verdade, estarão apenas esperando que as coisas melhorem e possam sobreviver ao declínio econômico. Muitos buscarão crença na frugalidade, com a arte de viver abaixo de suas possibilidades e de reduzir seus sonhos. A nova moda é o barato e não o caro.

Algumas pessoas, no entanto, estão seguindo os passos de meu Pai Rico e aumentando sua educação financeira. Hoje, a maioria das universidades, até mesmo Harvard e Oxford, está oferecendo cursos em empreendedorismo. Os seminários em empreendedorismo, investimentos imobiliários e ativos financeiros estão lotados. Milhões de pessoas sabem que existe outro tipo de educação, a educação financeira, que é o caminho para o novo futuro, a nova economia e seus sonhos.

A questão é: Qual é o futuro que você persegue? O que você fará quando a nova depressão acabar? Você estará a frente do jogo ou será deixado para trás?

UM CONTO DE DOIS PROFESSORES

Um de meus melhores amigos é um jovem chamado Greg. Ele é um empreendedor social. Mais especificamente, ele administra uma escola para crianças com sérias dificuldades de aprendizagem, crianças com as quais o sistema escolar da Califórnia não pode ou não quer lidar. Hoje, quando o presidente Obama entrega bilhões em seus programas de ajuda, o empreendimento de Greg é um dos que receberá o dinheiro extra. Em outras palavras, seu negócio está florescendo. Dado que seu trabalho está progredindo rápido, ele está comprando mais escolas e contratando mais professores especializados em educação especial.

Meu ponto é que: Greg é um professor e um empreendedor social que opera do lado D e I do quadrante. Os professores que ele contrata são do ponto E e A. Greg e seus professores trabalham na mesma escola, mas vivem em dois mundos completamente diferentes.

Conheço Greg desde que ele tinha 19 anos. Hoje, ele é um milionário com 33 anos. Muitos dos professores que ele contrata possuem doutorado, mas ele não. Como você pode imaginar, há alguma animosidade entre Greg e seus professores. O sonho de Greg é possuir uma dúzia de escolas, contratar centenas de professores e ser capaz de ensinar milhares de crianças especiais. Os professores que ele contrata têm sonhos diferentes.

Melhor vendedor – não melhor escritor

Há poucos anos, um dos grandes jornais escreveu um artigo sobre mim, me criticando por ser um vendedor de máquinas copiadoras. Na verdade, o jornalista perguntou: Como um vendedor de copiadoras se torna autor best-seller? Obviamente, o jornalista, provavelmente um aluno nota A em inglês e muito melhor escritor do que eu, entendeu errado as palavras autor best-seller. Como disse em *Pai Rico Pai Pobre,* não sou um autor *best-write* (que escreve melhor), mas um autor *best-seller* (que vende mais). Muitas pessoas *escrevem* bem; poucas conseguem *vender* bem.

Para muitas pessoas, *vender* é uma palavra vulgar. Para meu Pai Pobre, como intelectual e acadêmico, a ideia de vender era repugnante. Ele achava que os vendedores eram escória. Para meu Pai Rico, no entanto, a palavra *vender* era essencial para o sucesso financeiro de um empreendedor.

Comentário

Acho que ser vendedor é a melhor profissão do mundo. Somos todos vendedores; vendemos a um amigo a ideia de irmos ao cinema ou ao nosso restaurante predileto. Vendemos a nossos maridos a necessidade de levar o lixo para fora; vendemos para nossas crianças a noção de que devem desenvolver um trabalho ético e vendemos a nós próprias as razões pelas quais precisamos daquele vestido novo. As vendas recebem essa má fama quando envolve dinheiro. Então vender é odioso. Mas pare e pense... onde estaríamos sem as vendas? Quase tudo que possuímos nos foi VENDIDO. Acho que precisamos amadurecer e perceber que não nos teriam vendido nada se a princípio não quiséssemos. Parem de culpar os vendedores.

synchrostl

Uma razão para eu ter mencionado Greg, meu amigo empreendedor, foram as diferenças entre ele e seus professores. Uma das diferenças está na palavra *vender.* Para muitos professores, a ideia de ficar rico "vendendo" educação é uma violação de suas crenças mais arraigadas. Mas Greg sabe que se ele não vender, seus professores não podem receber seus salários.

Greg também sabe que, quanto mais ele vende, mais dinheiro ele faz, o que permite que ele compre mais escolas, que contrate mais professores e ensine a mais crianças. A diferença é o modelo mental do lado esquerdo do quadrante CASHFLOW *versus* o do lado direito.

Outra razão para mencionar Greg é ele vender "tíquetes" para o estado da Califórnia. Quanto mais escolas possui, mais tíquetes pode vender. Seus professores vendem seu esforço pessoal, seu trabalho. Podem vender apenas um tíquete: a si próprios. Meu ponto de vista é que as pessoas que vendem muitos tíquetes (um produto ou serviço) fazem mais dinheiro do que aqueles que só têm um bilhete para vender (seu trabalho). Na indústria de cinema, as estrelas que vendem mais bilhetes fazem mais dinheiro. O mesmo acontece com as estrelas da música. Os músicos que vendem a maioria dos derivativos (CDs, ingressos ou downloads) fazem muito mais dinheiro. Nos esportes, os promotores dos campeonatos nacionais como Super Bowl ou Wimbledon, fazem muito dinheiro porque podem vender muitos ingressos e direitos para a mídia. Em termos simples, se você não pode vender "tíquetes" (derivativos de você), tem que vender seu trabalho. Vendo milhões de "tíquetes" na forma de livros, jogos e eventos, que são derivativos de mim. Minha habilidade de vender "tíquetes" é uma das razões para que eu prospere mesmo durante crises financeiras.

Quando pedi a meu Pai Rico conselhos para me tornar um D ou I, ele disse: "Você precisa aprender a vender." Por causa de seus conselhos, comecei a trabalhar para a Xerox como vendedor *trainee.* Para mim, aprender a vender foi quase tão difícil quanto aprender a voar. Não sou um vendedor natural e lido muito mal com a rejeição. Muitas vezes quase fui demitido enquanto batalhava para bater de porta em porta e vender copiadoras Xerox contra o competidor IBM. Após dois anos, minha habilidade e confiança melhoraram muito e passei a gostar de algo que anos antes me aterrorizava. Nos dois anos seguintes estive sempre entre os melhores vendedores da Xerox em Honolulu. Minha renda disparou. Mas embora o dinheiro fosse bom, a melhor parte da experiência foi o treinamento de vendas que recebi e minha nova confiança para vender. Deixei a Xerox em

1978, quando meu negócio de carteiras de náilon começou a funcionar. Mas o treinamento que recebi na Xerox fez de mim um homem rico em diversos sentidos.

Torne-se um estudioso da palavra vender

O segredo de meu sucesso tem sido a palavra *vender.* Fui contra os valores de meu Pai Pobre e me tornei um estudioso da palavra *vender.* No mundo do dinheiro, essa é uma palavra muito importante. Por três anos lutei para vender. Finalmente, em 1977, me tornei um vendedor *best-seller* para a Xerox. Em 1979, dei início a meu primeiro negócio com um produto para a indústria de mercadorias esportivas, minha carteira de náilon e velcro para surfistas. Em 1982, minha empresa decolou quando comecei a trabalhar com bandas de rock como Duran Duran, the Police e Van Halen, para vender produtos de rock and roll justamente quando a MTV estava se tornando um sucesso. Em 1993, meu primeiro livro, *If You Want to Be Rich and Happy, Don't Go to School,* se tornou best-seller nos Estados Unidos, na Austrália e na Nova Zelândia. Em 1999, *Pai Rico Pai Pobre* entrou para a lista de best-sellers do *The New York Times.* Após meu aparecimento no programa da Oprah, em 2000, o livro se tornou best-seller internacional, publicado em mais de 50 idiomas e vendido em mais de 100 países. Nada disso teria sido possível se eu não tivesse aprendido a vender na Xerox.

Pessoas pobres nada têm para vender

Uma das grandes razões para que tantas pessoas passem por dificuldades financeiras é que elas têm pouco para vender ou não sabem, ou ambos. Então, se você está enfrentando dificuldades financeiras, ache algo para vender, aprenda a vender melhor, ou as duas coisas. Se você está seriamente interessado em aprender mais sobre como vender, sugiro que leia *Vendedor rico* (Campus/Elsevier, 2002), da Série Pai Rico, de Blair Singer, um de meus melhores amigos e internacionalmente reconhecido como gênio do treinamento de vendas. Melhorar suas habilidades de venda é uma maneira inteligente de aumentar sua renda, não importa o quadrante em que esteja.

Há muitas pessoas que possuem produtos e serviços muito bons. O problema é que as vendas não vão para os melhores produtos e serviços, mas para aqueles que sabem vender melhor. Em outras palavras, não ser capaz de vender custa CARO. Custa o dinheiro não contabilizado de vendas perdidas.

Essa é uma das razões de Donald Trump e eu recomendarmos observar o sistema de marketing de redes. Se você quer seriamente se transformar em um empreendedor, sugiro investir alguns anos, em seu tempo livre, em aprender a habilidade de vender em uma dessas redes. O treinamento que você recebe, especialmente a habilidade de superar o medo da rejeição, não tem preço.

Vendedores versus *Compradores*

Em 2002, abri o capital de uma empresa na Bolsa de Valores de Toronto pela primeira vez. Tratava-se de uma companhia de mineração localizada na China. Em minha opinião, construir uma empresa e torná-la pública, o que significa vender lotes de ações na bolsa de valores, é o objetivo máximo de um empreendedor. Quando a companhia foi à venda para o público, agradeci silenciosamente a meu Pai Rico por ter me encorajado a ser um estudioso da palavra vender em vez de pensar que era uma palavra vulgar, como achava meu Pai Pobre.

Abrir o capital de minha empresa foi um evento *Fast Track.* No mundo dos quadrantes D e I, os vendedores de uma IPO (Initial Public Offering – Oferta Pública de Inicial) são conhecidos como acionistas vendedores. Eles vendem suas porções de ações para aqueles que estão na *Rat Race* buscando ganhos substanciais. A lição é que no mundo do dinheiro há compradores e vendedores. No mundo do dinheiro os ricos são *vendedores* e a classe média e os pobres são *compradores.* Os compradores estão no lado E e A e os vendedores estão no lado D e I.

Concluindo

Quando você observa o mundo econômico hoje, é fácil ver por que os Estados Unidos estão em uma crise econômica: a China está vendendo e os Estados Unidos estão comprando. Em outras palavras, os Estados Unidos compram mais do que vendem. Não apenas isso, mas os americanos estão comprando com dinheiro emprestado, usando suas casas como caixa eletrônico. O mundo em geral considera os americanos consumidores de última instância. Isso provoca déficits na balança comercial, que faz a dívida americana crescer para a casa dos trilhões de dólares, provocando aumento nos impostos. A China é o maior credor dos Estados Unidos. Como nação, os americanos perderam sua habilidade de vender mais do que comprar. Também é fácil perceber por que tantas empresas estão fechando as portas. Quando as receitas caem, ou durante tempos difíceis, muitos administradores cortam o orçamento de propaganda. É a pior coisa que podem fazer. Cortar o marketing mata a empresa. Em vez disso, em tempos assim as empresas deveriam aumentar suas despesas com propaganda e tentar capturar uma fatia maior do mercado. Como diz o ditado: as vendas resolvem os problemas – e você não pode ter vendas sem propagandas.

Em nível pessoal, se você quer sair da *Rat Race* e ir para a *Fast Track*, para uma vida mais rica, tem que superar seu medo da rejeição e aprender a valiosa habilidade de vender. *Lembre-se: Foque mais vender e menos comprar.* A razão para que tantos milhões de pessoas estejam em dificuldades financeiras é elas adorarem comprar e odiarem vender. Se quer ficar rico, você precisa vender mais do que compra. Isso não quer dizer que você deva viver dentro de suas possibilidades. Em vez de gastar menos do que ganha, aprenda a vender, e você poderá aumentar sua renda e buscar seus sonhos. Se você vender mais do que comprar, não terá que viver aquém de suas possibilidades ou se agarrar a um emprego seguro.

Capítulo 10

Construindo o futuro

O Lobo Mau: "Vou soprar... e soprar muito forte... e sua casa irá voar."

A maioria de nós já ouviu falar do conto de fadas dos três porquinhos. É um ótimo conto de fadas, com muitas lições aplicáveis para todas as idades. Como se sabe, havia três porquinhos. Um construiu uma casa de palha, outro, de madeira e o terceiro, de tijolos.

O porco que construiu sua casa de palha terminou primeiro, assim, ficou com muito tempo para brincar. Logo o porquinho da casa de palha estava encorajando o porquinho da casa de madeira a terminar, assim, ele teria alguém para brincar. Quando o segundo porco terminou, eles estavam rindo, cantando, brincando e gozando do terceiro porquinho, por trabalhar tanto e por tanto tempo em sua casa de tijolos. Finalmente, a terceira casa estava pronta e os três porquinhos puderam curtir a vida.

Então, um dia apareceu o lobo mau. Ao avistar o lobo, os três porquinhos correram para suas respectivas casas. Parando em frente à primeira casa, o lobo mau demandou que o porquinho saísse. Quando ele se recusou, o lobo soprou e soprou e mandou a casa de palha para os ares. O porquinho escapou para a casa de madeira. De novo, o lobo demandou a saída e novamente soprou a casa pelos ares. Os dois porquinhos correram para a casa de tijolos.

Agora, confiante de que teria as três refeições em uma casa só, ele demandou que saíssem e, mais uma vez, os porquinhos se recusaram. Ele soprou e soprou tanto quanto podia, mas a casa não veio abaixo. O lobo soprou até que, exausto, finalmente foi embora e os três porquinhos celebraram.

No conto de fadas, os dois primeiros porquinhos aprenderam suas lições e construíram suas próprias casas de tijolos e todos viveram felizes para sempre. Mas como você sabe, "Os Três Porquinhos" é apenas um conto de fadas. Na vida real, as pessoas pedem ao governo para salvá-las com dinheiro de contribuintes e depois reconstroem suas casas de palha e madeira. O conto de fadas continua, as lições não são aprendidas – e o lobo se embosca na escuridão.

Casas de palha e de madeira

Em 2007, um grande lobo mau – as dívidas *subprime* – saiu da floresta. Quando ele soprou e soprou, a casa gigante de palha, os maiores bancos americanos, veio ao chão. Quando a casa bancária de palha desmoronou, levou consigo outras casas de palha e madeira: grandes corporações, como AIG, Lehman Brothers, Merrill Lynch, Citibank, Bank of America, GM e Chrysler. O mundo está descobrindo que as corporações gigantes que pensávamos serem feitas de tijolos eram, na verdade, feitas de palha e madeira. Quando esses gigantes desmoronam, o impacto derruba os pequenos negócios e, com eles, as pessoas. Até mesmo um país enorme, a Groenlândia, precisou de ajuda. Infelizmente, em vez de aprendermos a lição com os três porquinhos e reconstruirmos com tijolos, ficamos esperando que o governo, o banco central e o mercado financeiro resolvam por nós.

Construindo uma casa de tijolos

A construção de minha casa de tijolos começou com minha própria reconstrução e educação. Como você se lembra, a quarta nova regra do dinheiro é: *Prepare-se para os maus tempos e você só terá bons tempos.* Em 1984, comecei a conversar com Kim sobre o que eu via como futuro da economia e por que tínhamos que nos preparar para isso. Em vez de se amedrontar, ela pegou minha mão e começamos nossa jornada – e, juntos, construímos uma casa forte de tijolos. No começo, estávamos endividados. Eu devia cerca de $400 mil da perda de $790 mil de um negócio que não dera certo. Eu não tinha dinheiro, emprego, casa ou carro. Tudo que tínhamos eram nossas roupas, duas pequenas malas, nosso amor e um sonho para o futuro.

Em 1986, abrimos uma garrafa de champagne e celebramos o zero. Trabalhando juntos, pagamos os $400 mil de dívida ruim. Em torno de 1994, estávamos financeiramente livres. Nós nos preparamos para os tempos ruins e, desde então, só temos tido bons tempos – mesmo nessa crise horrível. Isso não significa que não tivemos contratempos, dificuldades, fracassos e perdas, e muitas lições duras para aprender. Isso *significa* que enxergamos tudo isso como parte do processo de construção de nossa casa de tijolos.

Comentário

Meu maior revés tem sido "crédito fácil". Caí nessa armadilha inúmeras vezes. Aprendi que juros compostos são mais do que apenas um problema matemático. Agora trabalho de forma que os juros compostos trabalhem a meu favor, e não contra mim. **Robertpo**

PLANOS PARA UMA CASA DE TIJOLOS

O diagrama abaixo foi o plano de nossa casa de tijolos. É conhecido como o Triângulo D-I.

O Triângulo D-I é um derivativo do Quadrante CASHFLOW sobre o qual falamos no Capítulo 9. A seguir, a figura do Quadrante CASHFLOW.

Simplificando, Kim e eu planejamos nossa vida juntos para estarmos nos quadrantes D e I. Você também pode, ainda que seja melhor que você permaneça dos lados E ou A. Deixe-me explicar.

1. Tecnicamente, o Triângulo D-I é aplicável a qualquer parte do quadrante.

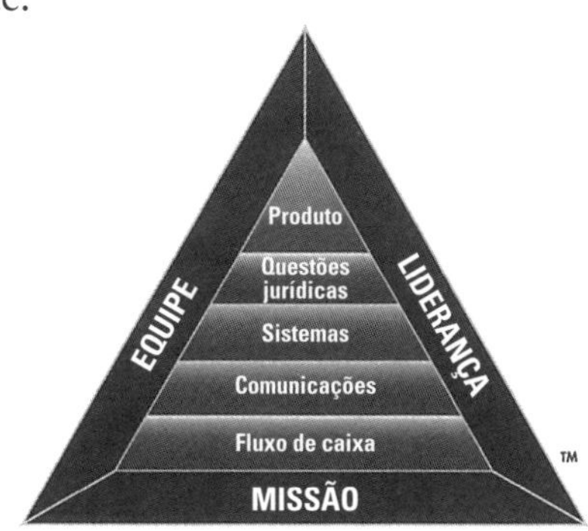

2. A vida de todas as pessoas é feita ou é afetada por todas as oito integridades do Triângulo D-I. O problema é que a maioria das pessoas não sabe o que é o Triângulo D-I.

Se uma ou mais das oito integridades estiver faltando na vida de uma pessoa, ela não possuirá integridade financeira, ainda que ela seja uma pessoa honesta, trabalhadora. Digo isso com base na definição da palavra integridade, que quer dizer "totalidade", não com base no significado mais comum, que tem implicações morais. *Integridade* também pode significar "operar em harmonia". É impossível para alguém estar em harmonia se lhe estiver faltando uma ou mais das oito integridades em sua vida. Veja, a seguir, uma breve explanação das oito integridades.

Integridade 1: Missão. Acredito que todos tenham uma missão pessoal na vida. É importante para você entender a sua missão, registrá-la em papel e revisitá-la com frequência. Missões pessoais podem ocorrer em níveis diferentes. Por exemplo, quando entrei para a Academia da Marinha Mercante em 1965, a primeira coisa que fiz foi memorizar a missão da academia. Minha missão por quatro anos foi apoiá-la. Como piloto no Vietnã, eu tinha muita clareza de minha missão, que era trazer meus homens para casa vivos. Para mim, isso era espiritual.

Hoje, minha missão é elevar o bem-estar da humanidade e trazer educação financeira para o mundo. No final dos anos 1970, quando eu era um operário trabalhando apenas por dinheiro, eu me sentia terrível, sem propósitos e inerte. A vida era divertida, mas eu sabia que faltava algo. Em 1981, encontrei o Dr. Fuller e ele me lembrou da importância de uma missão. Após nosso encontro, eu sabia que não poderia mais fazer o mesmo e me preparei para minha transição de me tornar professor das coisas que meu Pai Rico havia me ensinado. Em 1984, quando estava a ponto de fazer a transição, encontrei Kim e, juntos, partimos para a missão de sermos professores de educação financeira. Começamos apenas com esse sonho da missão, não tínhamos mais nada.

Kim e eu acreditamos que, se falta integridade na vida de uma pessoa e ela está desalinhada com sua missão na vida, problemas ocorrerão. A fundação da vida, a missão pessoal e a razão espiritual para viver são cruciais para todas as oito integridades.

Integridade 2: Equipe. Há um velho ditado que diz: "Nenhum homem é uma ilha." Quando se trata de negócios e investimentos, nada é mais importante do que montar uma equipe de especialistas – advogados, contadores etc. – para ajudá-lo a atingir seus objetivos. Uma equipe faz você ficar mais forte ao complementar suas fraquezas e intensificar suas forças. Uma equipe também mantém você responsável e o leva para a frente.

Um dos problemas que tive com a escola foi que ela nos treinou para agirmos individualmente. Se eu tivesse que colaborar ou pedir ajuda de meus colegas em um teste, isso seria considerado *cola*. Acredito que esse tipo de linha de pensamento faz milhões de pessoas operarem como ilhas, com receio de cooperar com outros, porque são treinadas a entender que a cooperação é alguma coisa ligada a fraude.

Na vida, nosso sucesso depende da qualidade de nossa equipe. Kim e eu, por exemplo, temos uma grande equipe de doutores que tratam de nossa saúde. Temos ótimas equipes de mecânicos, encanadores, construtores, fornecedores e outros, que conhecemos e confiamos para nos ajudar com problemas que não podemos resolver. Nas empresas, temos um grupo fantástico de empregados e especialistas que nos ajudam a resolver os problemas. Espiritualmente, temos os membros de nossa equipe espiritual, que ajudam nossos corações, mentes e emoções a se conectarem com o poder de uma autoridade superior. Não poderíamos ser bem-sucedidos sem nossas equipes.

Integridade 3: Liderança. Na academia militar, fomos treinados para liderar. A maioria das pessoas acha que um líder é semelhante a um gênio que sabe tudo e consegue que outros façam o que manda. Nada pode estar mais longe da verdade. Os verdadeiros líderes entendem que suas equipes têm insights valiosos e são componentes-chave de seu sucesso.

A forma de se tornar um líder é primeiro aprender a ser membro de uma equipe. Quando, mais tarde, entrei para a Marinha, depois da academia militar, dei continuidade ao desenvolvimento de minha liderança e do trabalho em equipe. Hoje, como líder de minhas empresas, ainda continuo a desenvolver essas qualidades. Uma das formas de ser um grande líder é manter o aprendizado e aceitar feedback de sua equipe – mesmo que seja um feedback que você não goste. Alguns dos melhores treinamentos que recebi vieram de feedbacks diretos, duros e objetivos.

Você já deve ter visto fotos de um instrutor de manobras da Marinha gritando na face de um jovem recruta. Aquele recruta está aprendendo a aceitar feedbacks. O mundo real é um mecanismo de feedback. Quando você sobe em uma balança e está 10kg acima do peso, isso é feedback. Se você é demitido, está endividado ou é divorciado, isso também é feedback. Aceitar feedback é essencial para ser um líder. Infelizmente, muitos de nossos líderes trabalhistas, políticos, empresários e professores não aceitam ou não aprenderam com o feedback que receberam na forma de mensagens enviadas pela economia mundial. Eles parecem não entender o que está acontecendo.

Se uma pessoa, uma família ou a economia foram prejudicadas, isso se deve à liderança ruim. Uma questão importante é: Quão bem lidero minha vida? Você pode se questionar sobre a qualidade de liderança em sua família, os negócios que você possui e a cidade ou país no qual você vive. Não tenha medo de pedir feedback honesto de sua família, clientes, chefes e amigos. Apenas ao aceitar feedbacks e fazer mudanças positivas baseadas neles, você se tornará um líder melhor.

Integridade 4: Produto. Produto é tudo aquilo que você leva ao mercado. Pode ser uma mercadoria, como uma maçã, ou um serviço, como consultoria legal, web design ou cortar a grama. Produto é aquilo que trocamos por dinheiro na economia mundial. Produto é nosso veículo de renda ou fluxo de caixa.

Se o produto de uma pessoa é ruim, de má qualidade, lento ou obsoleto, aquela pessoa sofrerá financeiramente. Digamos que ela possua um restaurante e a comida demore para chegar, não tenha gosto bom e seja cara. São boas as chances de que a renda cairá.

Quando eu encontro uma pessoa que está em dificuldades financeiras, uma das primeiras coisas que observo é seu produto ou serviço. Se a pessoa não se esforça para melhorar ou atualizar o produto, as dificuldades provavelmente não cessarão. Além disso, se o produto não estiver alinhado com a missão da pessoa, ela entrará em sofrimento. Por exemplo, quando meu produto eram carteiras de náilon, meu negócio desandou porque eu não estava espiritualmente alinhado com meu produto – minha missão real era ser educador financeiro, não fabricante. Acredito que uma das razões do sucesso de meus livros e jogos é eles serem derivativos de minha alma e de minha missão na vida.

Integridade 5: Aspectos legais. Goste ou não, vivemos em um mundo com regras. O sucesso vem com o entendimento das regras e de se trabalhar tão eficientemente quanto seja possível, de acordo com essas regras – por isso é inteligente manter um bom advogado em sua equipe! Sem regras, a civilização desmorona. Por exemplo, sendo americano se eu decido seguir as regras de direção nas ruas da Inglaterra, que dirigem do lado oposto, são boas as chances de acabar na cadeia ou em um hospital.

Problemas acontecem na vida das pessoas quando elas decidem não seguir as regras. Se uma pessoa fuma, come muito, bebe e não faz exercícios, ela está violando as regras de seu corpo e terá problemas de saúde. O mesmo é verdade com o dinheiro. Se a pessoa rouba uma loja, são boas as suas chances de ir para a cadeia. Se uma pessoa engana o parceiro, terá problemas severos. Quebrar as regras não é bom para a vida, as famílias, os negócios ou as nações.

Integridade 6: Sistemas. Uma das chaves para o sucesso na vida e nos negócios é compreender a importância de sistemas eficientes. O corpo humano tem muitos sistemas trabalhando em conjunto um com outro. Por exemplo, temos um sistema respiratório, um sistema de ossos, um digestivo, sanguíneo e outros. Se um dos sistemas não está funcionando bem, o corpo inteiro sofre.

Nos negócios, há sistemas contábeis, legais e de comunicações, entre outros. No governo há sistemas judiciários, previdenciários, sociais, tributários, educacionais e outros de administração. Se um sistema está danificado, o governo inteiro passa por dificuldades. Muitos indivíduos romperam ou danificaram seu sistema financeiro, o que os leva a viver em dificuldades, não importa quanto dinheiro eles façam ou quão arduamente trabalhem.

Integridade 7: Comunicação. "O que temos aqui é uma falha de comunicação." Essa é uma frase famosa do filme "O Presidiário" e um sentimento popular em qualquer organização. O mesmo vale para indivíduos e famílias. No Vietnã, testemunhei muitas derrotas e mortes por falhas de comunicação. Muitas vezes bombardeamos nossas próprias tropas devido à comunicação pobre. Muitas vezes fazemos isso a nós mesmos.

Boa parte deste livro tem sido sobre comunicação, aprender a usar e a falar a linguagem do dinheiro. Para a maioria das pessoas essa é uma linguagem estrangeira. Se você quer melhorar sua comunicação com o dinheiro, comece aprendendo sua linguagem.

Integridade 8: Fluxo de caixa. Fluxo de caixa é o ponto essencial. Se um bancário quisesse avaliar seu QI financeiro, precisaria pedir suas declarações financeiras. Dado que a maioria deles não sabe o que são demonstrações financeiras, eles pedem a você uma aplicação de crédito. A bagunça do *subprime* foi disparada pelos maiores bancos do mundo ao darem crédito para as pessoas, empresas e países mais pobres.

A regra 3 é: *Aprenda a controlar o fluxo de caixa.* Essa é uma regra importante porque ao controlá-lo, você controla todas as oito integridades. Se você pode controlar o fluxo de caixa, pode controlar sua vida, não importa quanto ganhe.

Comentário

Achei que tinha integridade financeira. Vivia dizendo às pessoas como vivia uma vida de integridade. A minha ideia de integridade era me manter longe dos problemas, não trair minha esposa e coisas assim. Sequer imaginava que a integridade também era financeira. Após refletir e examinar minha vida, percebi que não estava em integridade financeira. Felizmente, temos a oportunidade de mudar a direção de nossa jornada.

msrpsilver

O triângulo D-I é explicado em maiores detalhes para empreendedores e aqueles interessados nos quadrantes D e I em *Empreendedor rico* (Campus/Elsevier, 2005) e *Pai Rico: O guia de investimentos* (Campus/Elsevier, 2002).

Autoanálise

Observe o triângulo D-I e pergunte-se onde você é forte e onde é fraco em termos de cada uma das integridades. Pergunte-se coisas do tipo: Quem está em minha equipe de advogados? Quem me aconselha com questões tributárias e contábeis? A quem me refiro quando preciso analisar uma decisão financeira ou fazer um investimento?

Quando você observa sua vida e seus negócios pelo prisma das oito integridades do triângulo D-I, você os enxerga com os olhos do quadrante D-I – a forma de construir sua casa de tijolos e organizar sua vida de acordo com as oito integridades.

Quando vejo uma pessoa ou negócio em dificuldade, descubro que essa luta se deve muitas vezes à fraqueza ou à não existência de uma ou mais das oito integridades.

Então, você talvez queira parar e usar algum tempo para examinar as oito integridades e fazer uma pequena autoanálise. Converse com seus amigos e esteja disposto a receber feedback honesto. Isso é importante porque, muitas vezes, nossos amigos e familiares podem ver coisas sobre nós que não enxergamos sozinhos. Prometo a você que se fizer esse processo honestamente, em uma base regular, uma vez a cada seis meses, por exemplo, você automaticamente se encontrará construindo um castelo de tijolos.

Negócios e investimentos são esportes de equipe

Milhões de pessoas caminham pela vida repetindo o que aprenderam na escola, fazendo as provas da vida sozinhas, sem pedir ajuda e sendo intimidados ou mandados pelas grandes organizações. Eles administram seus problemas com o mantra "se você quiser fazer certo, faça sozinho". Por outro lado, meu Pai Rico dizia com frequência: "Negócios e investimentos são esportes de equipe." A razão para que muitas pessoas estejam em dificuldades é elas irem para o campo das finanças como indivíduos, não como equipes, e serem trituradas pelos imensos times corporativos que dominam o mundo – ou gigantes, como o Dr. Fuller chamou as megacorporações.

Quando um jovem casal fala com um planejador financeiro, há boas chances de que ele esteja jogando no outro time, as megacorporações. Cada cartão de crédito em sua carteira está conectado com um grande negócio dos quadrantes D e I. Quando você compra sua casa ou seu carro utilizando empréstimos, é a mesma coisa. Em outras palavras, milhões de pessoas estão jogando o jogo da vida como E ou A contra as maiores empresas do mundo. Por isso, muitos se sentem impotentes e recorrem ao governo para tomar conta delas. Mas, como você sabe, as leis são ditadas pelas mesmas corporações D e I que contribuem com bilhões para as eleições políticas. Você tem um voto, mas eles têm milhões de dólares para influenciar uma eleição.

O mesmo é verdade para a medicina. Uma das razões para o sistema médico estar quebrado e ser tão caro é as megaempresas de seguro-saúde ditarem as regras. Os doutores nos quadrantes E e A têm pouco poder sobre os D e I dos mundos farmacêuticos e de seguros.

Minha mensagem é: se você quer proteger sua vida, sua casa e família dos grandes lobos maus dos quadrantes D e I, precisa construir seu próprio triangulo D-I. Coloque sua equipe de oito integridades para funcionar.

Agora, sei que muitas pessoas não possuem as oito integridades. Na verdade, poucas pessoas possuem. É por isso que muitas se apegam à segurança do trabalho, apavoradas com uma demissão, deixando de lado a missão pessoal que Deus lhes deu. Essas pessoas vivem com medo porque suas vidas pessoais são construídas de palha e madeira.

Construa o seu triângulo D-I

A primeira coisa que Kim e eu fizemos para construir nossa casa de tijolos foi contratar um contador para colocar nossas finanças em ordem. Escrevi sobre isso em *Pai Rico: Desenvolva sua inteligência financeira* (Campus/Elsevier, 2008). Foi um passo importante para começar a criar a nossa equipe.

Construir sua equipe não é um projeto fácil ou algo que possa ser facilmente concluído. Toma tempo. Os membros da equipe vão e vêm. Ao longo dos anos, tive membros bons ou ruins, mas isso faz parte do processo. À medida que seu conhecimento e riqueza aumentam, talvez você precise fazer um upgrade em sua equipe. Transformar sua casa de tijolos em um castelo de tijolos é um trabalho constante e progressivo. Como se diz: "A estrada do sucesso está sempre em construção."

Nuvens de tempestades à frente

Ao se preparar para os tempos ruins, você tem a chance de ver um halo de prata quando as nuvens de tempestade se juntam e há chance maior de se encontrar um pote de ouro ao final do arco-íris. Para aqueles que construíram suas casas em palha e madeira, os próximos anos podem ser ruins; mas as pessoas com casas de tijolos poderão deslumbrar um halo de prata nas nuvens e um pote de ouro no fim do arco-íris.

O gráfico seguinte mostra por que creio que os próximos anos podem ser ruins. Poucas pessoas o viram. Agradeço a Michael Maloney, meu conselheiro em ouro e prata. Michael é autor de *Como investir em metais preciosos*, da série Pai Rico.

A. GRÁFICO DA IMPRESSÃO DE MOEDA PELO FEDERAL RESERVE

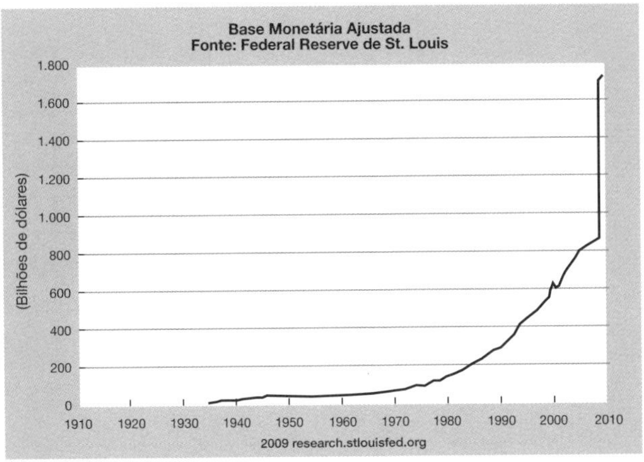

Esse gráfico mostra toda a base monetária (moedas, papel-moeda e rerservas bancárias) em circulação desde 1913, o ano que o Fed foi criado. Foram necessários 94 anos, de 1913 a 2007, para colocar $825 bilhões em circulação. Olhe o que aconteceu à oferta de dólar após 1971, ano da queda do padrão ouro. A taxa de crescimento é muito acelerada. Você também pode notar que 2007, o ano que a crise do *subprime* abalou o mundo, o Fed essencialmente dobrou o suprimento dos 94 anos anteriores, aumentando a base monetária em circulação para cerca de $1,7 trilhão.

O que esse gráfico significa? Algumas possibilidades são:

1. Hiperinflação. Significa que os preços dos produtos essenciais, como comida e energia, subirão a taxas jamais vistas. Isso será devastador para as classes pobres e médias dos Estados Unidos.

2. Todos os países provavelmente serão forçados a imprimir dinheiro. Como os Estados Unidos estão imprimindo dinheiro, todos os países provavelmente serão obrigados a imprimir. Se os outros países não imprimirem, suas moedas correntes se tornarão muito fortes em relação ao dólar e as exportações para os Estados Unidos diminuirão, provocando queda das exportações daquele país. Isso provavelmente significará inflação para todos os países que comercializam com os Estados Unidos.

3. Aumento do custo de vida. Pessoas vivendo em casas de palha e madeira encontrarão dificuldades para sobreviver porque os preços devorarão parcela maior de seus salários.

B. GRÁFICO DA PROPOSTA DE ORÇAMENTO DO PRESIDENTE OBAMA

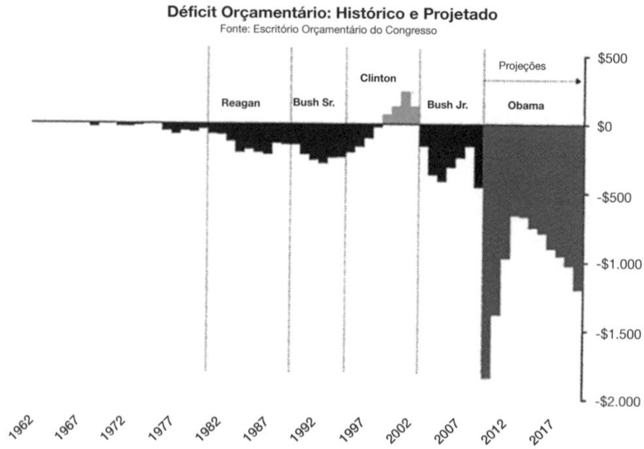

O gráfico começa com os orçamentos do presidente Reagan, George H.W. Bush, Bill Clinton e George W. Bush... e, então, a proposta de orçamento do presidente Obama.

O que esse gráfico significa para mim? Mais governo, mais impostos e mais dívidas. Significa que estamos esperando que o governo reconstrua nossas casas de palha e madeira.

C. GRÁFICO DAS REINICIALIZAÇÕES HIPOTECÁRIAS

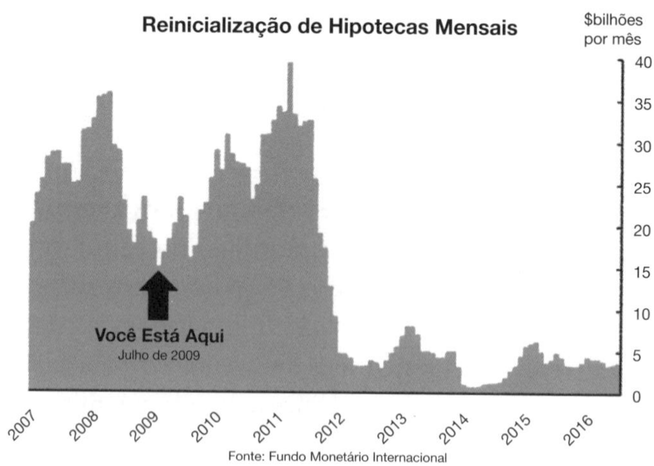

Esse gráfico ilustra a quantidade em dólares da reinicialização de hipotecas ao redor do mundo. Uma reinicialização de hipoteca ocorre quando uma hipoteca vence e o banco reajusta a taxa de juros ao mercado, o que muitas vezes resulta em taxas maiores para os compradores e pagamentos mensais mais altos.

Digamos, por exemplo, que um casal *subprime* compre uma casa de $300 mil que não pode pagar. Para atrair o casal, o banco oferece um empréstimo de $330 mil, financiando 110% do valor da casa, a uma taxa ridícula de 2% ao ano como atrativo. Algum tempo depois, o empréstimo reinicializa a uma taxa de 5%. E mais uma vez a 7%. A cada reinicialização, o pagamento mensal se torna mais caro. Logo o casal deixa de pagar e perde a casa. Nos casos recentes, os preços das casas caíram em valor tanto quanto 50% em relação à hipoteca. Assim, nesse exemplo, a casa poderia agora estar valendo $150 mil, mas com uma hipoteca de $330 mil sobre ela. O banco tem que registrar as perdas de $180 mil, provocando devastação no setor bancário e perdas enormes para os acionistas.

Analise o lado esquerdo desse gráfico. A confusão do *subprime* começou na metade de 2007, quando a reinicialização de hipotecas atingiu $20 bilhões.

Olhe agora para o gráfico e observe que, ao final de 2008, o pico da tempestade, as reinicializações estavam a $35 bilhões por mês.

Comentário

Ao ler os gráficos e pensar no futuro, vi muitas oportunidades. Agora é a hora de começarmos a nos preparar para tirar vantagens delas... Fiquei feliz quando soube que você acha que estamos no olho do furacão. Começava a achar que eu era o único a pensar dessa forma. Tenho um feeling de que há mais problemas vindo dos bancos, com todas as condições subjacentes.

newydd105

O olho do furacão

Observe no mesmo gráfico a seta mostrando "Você está aqui", apontando para meados de 2009. Neste momento, as reinicializações estão baixas, a aproximadamente $15 bilhões por mês. Os comentaristas financeiros estão dizendo que a tempestade acabou. Com as boas notícias, os porquinhos das casas de palhas e madeira continuam a se divertir – o lobo mau foi embora. As pessoas voltaram a gastar nas liquidações nos shoppings e alguns restaurantes já estão exigindo reservas. Mas se você olhar o gráfico, novembro de 2011 mostra reinicializações de hipotecas de quase $38 bilhões. Parece que o lobo mau está apenas tomando fôlego.

O que isso significa?

Em junho de 2009, quando escrevo isso, acredito que estamos meramente no olho do furacão e o pior ainda está por vir. Em agosto de 2007, foram necessários apenas $20 bilhões ao mês de reinicializações de hipotecas para derrubar as casas de palha da Lehman Brothers e do Bear Stearns. A economia da Groelândia entrou em colapso com o primeiro sopro do grande lobo mau. O Bank of America, o Royal Bank of Scotland e a AIG, casas financeiras de palha, estão fracas e bambas hoje. A Califórnia, a oitava economia do mundo, está à beira do derretimento financeiro, assim como a economia japonesa. Minha questão é: Qual será o resultado de quase $40 bilhões de reinicializações de hipotecas ao mês a partir de novembro de 2011? O que isso significa para você, para sua família e para o mundo?

Lembre-se da Nova Regra do Dinheiro 4: *Prepare-se para os tempos ruins e você só terá tempos bons.* Observe o gráfico. Preparar-se para os tempos ruins significa colocar sua casa financeira em ordem ao fortalecer seu triângulo D-I. Ainda há tempo para se preparar, e mesmo que a tempestade não nos atinja, não há nada errado em construir uma casa de tijolos, um triângulo D-I sólido.

O significado combinado dos gráficos

Ao analisarmos os três gráficos conjuntamente, visualizamos uma imagem sobre do futuro.

1. Gráfico A. Continuamos a imprimir, mesmo depois de dobrar em apenas dois anos, o dinheiro em circulação. Para mim isso significa que haverá inflação para itens essenciais como comida e energia, porque quanto mais dinheiro em circulação perseguindo as mesmas mercadorias, maior será o preço delas. Isso também significa inflação para os outros países forçados a imprimir para enfraquecer seu poder de compra e não reduzir suas exportações. Simplificando, a vida se tornará mais cara ao redor do mundo.

2. Gráfico B. Proposta Orçamentária do Presidente Obama. Vislumbro um aumento do controle do governo e dos impostos para cobrir o aumento das dívidas. Enquanto o preço da comida e da energia sobe, os preços das casas não subirão tão rapidamente por duas razões: o crédito será mais difícil de ser conseguido, e isso manterá os preços baixos; o aumento dos impostos prejudicará o crescimento das empresas, significando menos trabalho – e o mercado imobiliário está diretamente ligado ao nível de emprego.

São más notícias para os proprietários que estão esperando apreciação (ganhos de capital) porque não serão capazes de vender suas casas por mais dinheiro. Mas são boas notícias para os proprietários que lucram com renda de aluguéis, pois podem comprar casas a um preço muito baixo e o aluguel poderá cobrir as despesas de pagamentos de hipotecas.

3. Gráfico C. Reinicialização de Hipotecas. Isso a meu ver causará ainda mais aumentos nos gráficos A e B – isto é, se somente a economia mundial não entrar em colapso por causa de todas as suas dívidas, impostos e dinheiro tóxico.

Um halo de prata e o pote de ouro

Nos contos de fada sempre existem um halo prateado nas nuvens das tempestades e um pote de ouro ao final do arco-íris. Ainda que certamente não seja um conto de fadas, o mesmo acontece com as crises globais.

O gráfico a seguir compara as quantidades e os preços do ouro entre 1990 e 2007. Em junho de 2009, enquanto escrevo, o preço do ouro estava em $900 a onça e a prata, a $15 a onça.

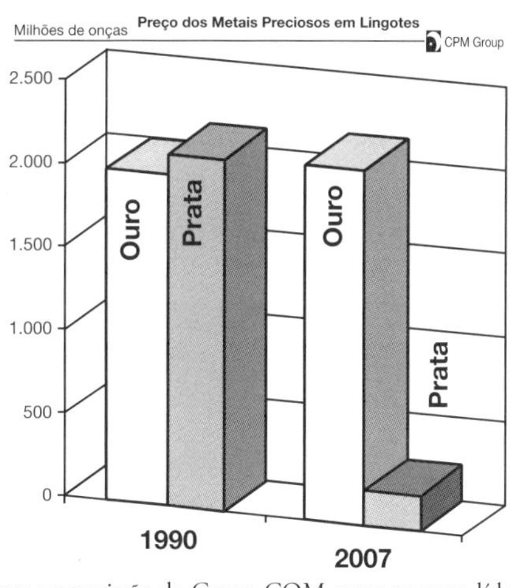

Impresso com a permissão do Grupo COM, uma empresa líder de pesquisas de commodities. Para mais informações, visite www.cpmgroup.com

Perceba que a oferta da prata está caindo em relação ao ouro. Isso acontece porque a prata é um metal precioso utilizado na industrialização de telefones celulares, computadores, luzes e refletores etc. Enquanto o ouro está sendo estocado, a prata está sendo consumida. Para mim, o ouro e a prata representam a melhor e mais brilhante oportunidade para as pessoas durante as crises.

Olhando para os gráficos A, B e C, prevejo que o público rapidamente perderá a fé na manipulação do dinheiro pelo governo e acordará para os motivos de se segurar ouro e prata como segurança (*hedge*) para a inflação. Quando o público acordar, já haverá uma próxima bolha de ganância e medo. O ouro pode ir para mais de $3 mil a onça e a prata, algum dia poderá chegar ao mesmo preço do ouro, porque é um metal industrial de pouca oferta – mas essas são apenas minhas previsões e isso pode ser pura ansiedade diante de um mundo de insanidade financeira.

Como em qualquer bolha, os escroques e as pessoas desonestas que comercializam ouro e prata já estão em manadas, anunciando na televisão, on-line e na mídia. Mais uma vez, os porquinhos que não se prepararem para a crise verão seu dinheiro sumir com os afagos do grande lobo mau. Como acontece com todos os investimentos, você precisa se educar antes de investir em ouro e prata.

Nova Regra do Dinheiro 7: A vida é um jogo de equipe – escolha sua equipe cuidadosamente

O grande lobo mau não desapareceu. Está apenas pegando fôlego. Para se proteger, comece montando sua equipe financeira e comece a construir ou reforçar sua casa financeira de tijolos usando o triângulo D-I como referência. A conspiração joga o jogo do dinheiro com uma equipe bem forte. Este deveria ser seu caso também.

Capítulo 11

Educação financeira: uma vantagem injusta

A vida ficará mais cara

Ninguém tem uma bola de cristal. Ainda assim, ao estudarmos a história, como fizemos na Parte I, e ao observarmos o que nossos líderes estão fazendo, um futuro provável se torna claro. À medida que os líderes emitem moeda para salvar os ricos em nome da economia, a vida se tornará mais cara devido aos aumentos dos impostos, das dívidas e da aposentadoria.

A vantagem injusta

Hoje, aqueles que adquirem sólida educação financeira possuem uma injusta vantagem sobre aqueles que não possuem. Com uma educação sólida, uma pessoa pode usar os impostos, as dívidas, a inflação e a aposentadoria para se tornar mais rica em vez de mais pobre. Ao contrário, essas forças dominam aqueles que não possuem forte educação financeira.

Albert Einstein disse, certa vez: "Não podemos resolver os problemas ao usar os mesmos pensamentos que usamos para criá-los." Hoje, isso é a verdadeira tragédia. Nossos líderes estão tentando resolver a crise ao usar os mesmos pensamentos que causaram os problemas para começar. Por exemplo, estão emitindo mais dinheiro para resolver o problema que foi causado por emissão excessiva de dinheiro.

Usar as mesmas ideias para resolver seus problemas financeiros também está piorando a situação das pessoas. As pessoas estão tentando resolver seus problemas com impostos, dívidas, inflação e aposentadoria, trabalhando ainda mais arduamente, saindo das dívidas, economizando, vivendo abaixo de suas possibilidades e investindo para o longo prazo em fundos. A vida se tornará muito mais cara para aqueles que insistirem em seguir essa linha de pensamento.

Explicando com figuras

O diagrama seguinte é uma figura que mostra a razão de minha crença de que a vida se tornará mais cara.

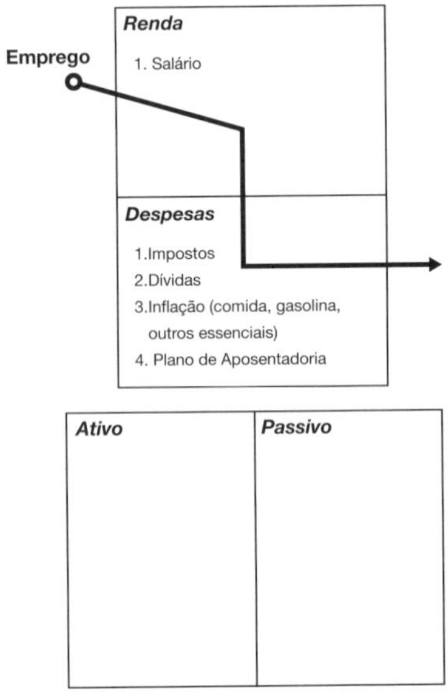

As pessoas empregadas recebem seus salários com despesas como impostos, dívidas, inflação e planos de aposentadoria já descontados. Em outras palavras, todos os outros recebem antes que o próprio empregado seja pago. Uma boa parcela do salário do empregado é tomada antes que ele receba um centavo para viver.

Você deve ter notado que a maior parte do dinheiro das pessoas é gasta para cobrir tais despesas. Dinheiro que vai para a conspiração. Acredito que é por isso que não há educação financeira nas escolas. Se as pessoas soubessem para onde seus salários estão indo, elas se revoltariam. Com uma educação financeira sólida, as pessoas podem minimizar essas despesas ou até mesmo usá-las para colocar dinheiro em seus próprios bolsos.

Há duas razões, por exemplo, para que eu não tenha um plano de previdência privada dos tradicionais. Uma é que o mercado de ações é muito arriscado. As pessoas comuns têm pouco controle sobre o mercado e há grandes chances de, no evento de uma crise, haver grande perda de dinheiro. A segunda razão é que prefiro colocar o dinheiro da aposentadoria em meu próprio bolso, não no bolso daqueles que controlam o mercado financeiro. Com educação financeira, a pessoa não precisa pagar a uma administradora para ver seu dinheiro se perder.

Dois estilos diferentes

Para melhor ilustrar minha opinião de que a educação financeira é uma vantagem injusta usarei o exemplo de alguns amigos. Don e Karen (não são nomes verdadeiros) são casados e administram sua própria empresa juntos, como eu e Kim. Somos todos mais ou menos da mesma idade e todos temos diplomas universitários. O problema é que Don e Karen possuem pouca educação financeira ou experiência com investimentos.

Ainda que Don e Karen tecnicamente sejam donos de sua empresa, na verdade eles são autônomos, do quadrante A, o que significa que, se pararem de trabalhar, não terão renda. Kim e eu possuímos negócios do quadrante D, o que significa que teremos renda, não importa se trabalhemos ou não.

Em um jantar, há poucos meses, Don e Karen confessaram que estão preocupados com o futuro porque a economia está lenta, as despesas aumentaram e sua carteira de investimentos para a aposentadoria perdeu 40% de seu valor. Eles despediram quatro empregados, perderam padrão de vida e estão duvidando que poderão se aposentar. Perguntaram se estávamos preocupados com o futuro e com nossa aposentadoria.

Nossa resposta foi que sempre nos preocupamos, mas que não mudamos nosso estilo de vida. Ao contrário, nossa renda estava aumentando, principalmente porque estamos usando impostos, dívidas, inflação e dinheiro da aposentadoria a nosso favor.

A diferença é que Don e Karen veem o mundo pela perspectiva E e A, e Kim e eu vemos com os olhos de D e I.

Compartilharei um diagrama simples de nossas demonstrações financeiras para ajudar a explicar o que queremos dizer. Se você não está familiarizado com esses diagramas, uma explicação mais profunda pode ser encontrada em *Pai Rico Pai Pobre* (Campus/Elsevier, 2000).

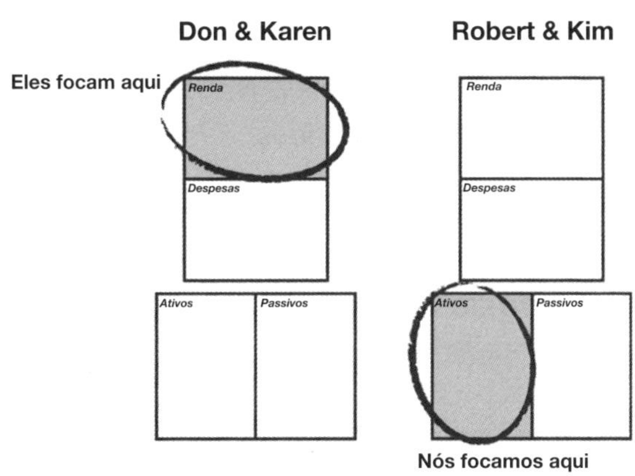

Ao observar no diagrama anterior nossas demonstrações financeiras, poderá ver que Don e Karen têm um foco diferente dos nossos. Eles focam trabalhar mais arduamente para ganhar dinheiro. Kim e eu focamos nossos investimentos e aumentar nossos negócios e nossos ativos pessoais para ganhar mais dinheiro.

Como dois autônomos, Don e Karen têm que trabalhar muito para gerar dinheiro. Como proprietários de negócios do quadrante D, Kim e eu não focamos essa questão, mas, sim, aumentar nossos ativos, que, por sua vez, aumentam nossa renda. Ao focar o aumento de ativos, pagamos menos impostos, usamos dívida para aumentar nossos ativos e observamos a inflação aumentar nosso fluxo de caixa, o que significa que, em vez de mandar nossas poupanças para a aposentadoria para o mercado financeiro, colocamos nosso dinheiro em nossos bolsos por meio do fluxo de caixa de nossas empresas e ativos pessoais.

Essa diferença pode ser vista quando você compara a demonstração da renda de Don e Karen com a nossa.

Don & Karen

Receitas

1. Salários

Robert & Kim

Renda

1. Salários
2. Direitos Autorais
3. Royalties diversos
4. Receita de Imóveis
5. Receitas de Petróleo
6. Dividendos de Ações

A única receita de Don e Karen vem de seu negócio e, mais uma vez, se eles pararem de trabalhar, não receberão nada. É por isso que eles se preocupam. Em relação a Kim e eu, a maior parte de nossas receitas advém de nossos negócios e ativos pessoais, como direitos autorais, royalties de invenções, direitos de uso da marca Pai Rico, receita de imóveis, receita de petróleo e dividendos de ações. Todos os meses recebemos um cheque por nossos ativos – fluxo de caixa, e renda vinda de negócios tem alíquota menor de imposto do que renda proveniente de salários.

Três tipos de imposto sobre a renda

Existem três tipos básicos de impostos sobre a renda: salários, ativos financeiros e renda passiva. Os salários que advêm do trabalho e é o mais taxado de todos. Os investimentos no mercado financeiro são o segundo mais caro. Essa é uma das vantagens injustas que uma pessoa com educação financeira tem sobre as outras – a vantagem de pagar menos impostos.

Quando escuto alguns professores orgulhosamente me dizerem que eles têm educação financeira em suas escolas, que começaram a chamar funcionários de bancos e planejadores financeiros para ensinar suas crianças a poupar para o futuro, apenas balanço a cabeça. Como alguém pode entender o mundo do dinheiro ao olhar pela perspectiva de uma pessoa educada para trabalhar nos quadrantes E e A?

Relatórios financeiros diferentes

Tive notas horríveis durante toda minha vida escolar. Meu Pai Pobre era professor, por isso fui encorajado a permanecer na escola. Meu Pai Rico também me encorajava a tirar notas boas, mas ele dizia o seguinte sobre elas: "Quando você deixar a escola, seu banco não vai pedir seu histórico escolar. Não vai se importar se você teve notas boas ou ruins. Tudo que ele quer saber é do seu relatório financeiro. Isso é que importa."

Quando você compara as demonstrações financeiras de Don e Karen com as nossas, vê quem é que tem as melhores notas financeiras após vinte anos de trabalho.

Don & Karen

Ativos	*Passivo*
Poupança	1. Casa 2. Carros Dívida Flutuante de Aposentadoria

Fluxo de Caixa de Ativos: Zero

Robert & Kim

Ativos	*Passivos*
Royalties de negócios 1.400 Propriedades Alugadas Poços de Petróleo e Gás Ouro e Prata	2 Casas 6 carros

Fluxo de Caixa de Ativos: Milhões

Como casal, ambos recebemos salários de nossas empresas, mas, para nós, Kim e eu, a maior parte da renda vem de nossos ativos – livros, jogos e licenças de marcas – e de nossos investimentos em imóveis, ações e poços de petróleo e gás. Não contamos ouro e prata como fluxo de caixa porque isso não coloca dinheiro em nossos bolsos. Em vez disso, mantemos ouro e prata mais como uma pessoa mantém dinheiro em uma conta de poupança.

Ouro e prata são líquidos e quando os políticos estão emitindo mais e mais dinheiro, o ouro e a prata têm mais chance de manter o poder de compra.

Outra grande diferença pode ser encontrada em nossas colunas Despesas.

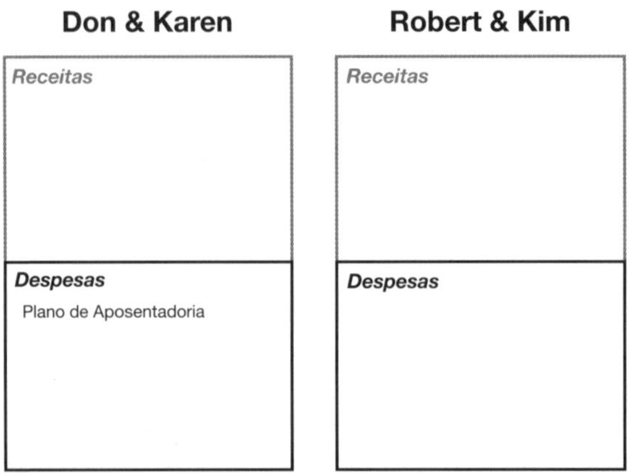

Ironicamente, porque não precisamos, nem temos, um plano de aposentadoria, que é uma grande despesa, por causa das taxas e comissões, podemos aumentar nossas receitas com nossos ativos todos os anos, assim, não nos preocupamos com o futuro. Em vez de mandar parte da nossa renda para o mercado financeiro todos os meses, Kim e eu investimos nosso próprio dinheiro, e esse dinheiro coloca ainda mais dinheiro em nossos bolsos. Por que arriscar investir para o longo prazo no mercado financeiro e perder o controle de seus investimentos quando você pode investir com menos risco e receber mais renda todos os meses, assim como pagar menos impostos, usar dívida para enriquecer e fazer a inflação aumentar seu fluxo de caixa?

Acredito que essa simples comparação de casais ajude a explicar por que Don e Karen se preocuparam mais do que Kim e eu durante a crise financeira e como a educação financeira pode dar a alguém uma vantagem injusta financeira.

Outras vantagens injustas

1. Expandir seus ganhos, em vez de gastar menos do que ganha. Todos os anos Kim e eu despendemos algum tempo examinando nossos negócios e focando nossos objetivos financeiros. Em vez de focar economizar, focamos a expansão de nossas receitas, ao aumentar o fluxo de caixa de nossos ativos. O diagrama a seguir ilustra esse conceito.

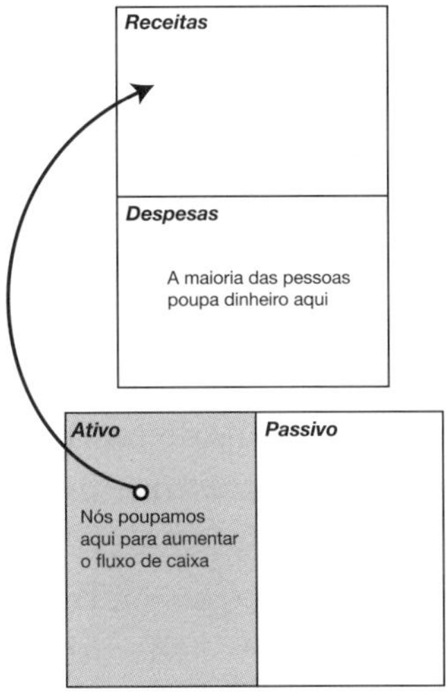

Em 2009, Kim e eu planejamos lançar três livros, comprar de 200 a 500 novos imóveis de aluguel, perfurar dois novos poços de petróleo e aumentar nossos negócios, criando mais *franchises*. Focamos aumentar o fluxo de caixa por meio de nossos ativos, em vez de reduzir despesas e contar com ganhos de capital por meio do mercado de ações ou da valorização de nossas casas.

2. Emitindo nosso próprio dinheiro. O título do Capítulo 6 de *Pai Rico Pai Pobre* diz: "Os ricos inventam dinheiro". Para mim, ser capaz de emitir o próprio dinheiro é uma das maiores vantagens de nossa educação financeira. Desde que o governo está imprimindo mais dinheiro, não faz sentido emitir seu próprio dinheiro... legalmente? Não faz mais sentido imprimir seu próprio dinheiro do que trabalhar ainda mais arduamente e pagar alíquotas maiores de imposto sobre a renda, poupar dinheiro no banco e perder poder de compra para a inflação e para os impostos ou arriscar seu dinheiro de longo prazo no mercado de ações? A forma de emitir seu próprio dinheiro é por meio de um termo financeiro conhecido como ROI (return on investiments – retorno sobre os investimentos).

Quando você conversa com um agente financeiro, ele lhe diz que um ROI de 5% a 12% é um bom retorno. Esses são retornos para uma pessoa sem educação financeira. Outra tática de medo ou conto de fadas que eles lhe dirão será que: "Quanto maior o retorno, maior o risco." Isso não é verdade em absoluto – desde que você tenha uma sólida educação financeira. Sempre procuro retornos infinitos em meus investimentos.

Mais por nada

A forma de emitir seu próprio dinheiro é conseguir retornos infinitos para ele. A definição que eu uso para retornos infinitos é "dinheiro por nada". Mais especificamente, eu imprimo meu próprio dinheiro quando consigo de volta todo dinheiro que usei para adquirir um ativo, sem me desfazer dele, e ainda curtir os benefícios de um fluxo de caixa proveniente desse ativo. Escrevo sobre esse processo em *Pai Rico Pai Pobre,* o maior best-seller de finanças pessoais de todos os tempos, e em *Pai Rico: Desenvolva sua inteligência financeira,* um livro endossado por Donald Trump e Steve Forbes.

Com forte educação financeira, posso emitir meu próprio dinheiro com um empreendimento, imóveis, ações e até mesmo em commodities como ouro, prata e petróleo.

Imprima seu próprio dinheiro em negócios

Kim e eu começamos a Rich Dad Company em nossa mesa da cozinha. Em vez de usar nosso próprio dinheiro, pegamos $250 mil com nossos investidores. De novo, esse é um dos benefícios de investir tempo em aprender como vender. Nesse caso, vendemos a ideia de nosso negócio para nossos investidores. Em menos de três anos, graças ao crescimento de nossos negócios e os lucros conquistados, retornamos os 100% do dinheiro de nossos investidores, mais juros e um adicional de 100% sobre o dinheiro deles, para comprar a parte deles de volta. Hoje, a Rich Dad Company coloca milhões de dólares em nossos bolsos, ainda que não tenhamos colocado nada de nosso dinheiro no investimento. Por definição, esse é um retorno infinito. Em outras palavras, nosso negócio emite nosso próprio dinheiro.

A chave para o sucesso da Rich Dad Company é que o negócio cria ativos em vez de produtos. Por exemplo, não produzimos este livro, e, sim, criamos um derivativo do livro, uma licença literária, e vendemos os direitos da licença para editoras ao redor do mundo, em diferentes idiomas. Também vendemos licenças para os direitos de produzir nossos jogos, reproduzir marcas e *franchises*. Nossa demonstração financeira se parece com o que você vê a seguir:

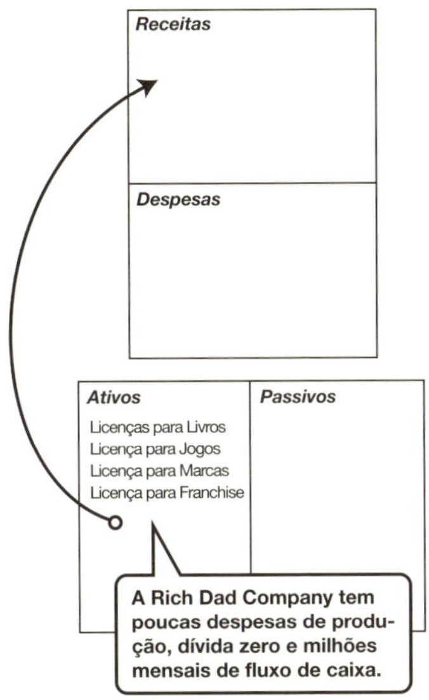

A Rich Dad Company tem poucas despesas de produção, dívida zero e recebe milhões mensalmente de fluxo de caixa.

Reitero, mais uma vez, a importância de conhecer a palavra derivativo, dado que licenças são derivativos. Usados apropriadamente, os derivativos podem ser ferramentas incríveis para a criação financeira em massa. Também recordo que você deve *focar mais vender e menos comprar.* Você deve ter notado que a Rich Dad Company cria ativos para vender para o longo prazo.

EMITINDO O SEU DINHEIRO EM IMÓVEIS

Com o mercado imobiliário, nosso plano de negócios é usar dívida, o dinheiro de outras pessoas, para conseguir um retorno infinito e imprimir nosso próprio dinheiro. A seguir, um exemplo bastante simplificado da vida real, nos Estados Unidos:

Compra. Compramos uma casa de dois quartos e um banheiro em uma vizinhança muito boa, por $100 mil.

Financiamento: Pagamos $20 mil de entrada e pegamos emprestado $100 mil para a casa e dinheiro extra para reformas de um banco ou investidores.

Reformamos a propriedade. Melhoramos a propriedade ao adicionar um quarto e um banheiro.

Aumentamos o aluguel em função da melhoria do valor da propriedade. Aumentamos o aluguel de $600 mensais (preço de dois quartos, um banheiro no mercado) para $1.200 (preço de três quartos, dois banheiros).

Refinanciamos a propriedade por novo valor de avaliação de $150 mil. Quando refinanciamos a casa, o banco nos dá um empréstimo de $120 mil (80% do novo valor). Pegamos $20 mil mais $20 mil para investir em uma nova propriedade.

Custos. Os juros do empréstimo a 6% nos custa aproximadamente $600 por mês. As despesas são mais $300 por mês, o que coloca uma receita líquida de $300 em nossos bolsos na forma de fluxo de caixa.

Chave do sucesso. O novo empréstimo e as despesas são financiados pelo aluguel pago pelo inquilino.

A transação final líquida se parece com o gráfico a seguir:

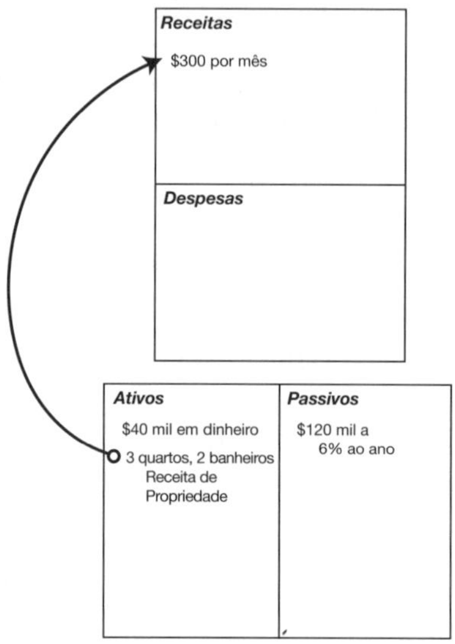

A chave para que esse investimento funcione é:

1. Melhorias na propriedade
2. Uma boa localização – o mercado imobiliário é valioso apenas quando há emprego nas redondezas.
3. Bom financiamento e/ou investidores
4. Boa administração imobiliária.

Se qualquer um desses quatro elementos estiver faltando, o investimento pode não dar certo.

Comecei meus investimentos imobiliários com um apartamento de um quarto, um banheiro, na ilha de Mauí, comprado por $18 mil em 1973. Kim começou com uma casa em Portland, no Oregon, de dois quartos, um banheiro, comprada por $45 mil em 1989.

Hoje, usando a mesma fórmula financeira dos 100%, temos mais de 1.400 propriedades residenciais e um bom número de propriedades comerciais. A diferença é que hoje investimos em projetos maiores, de milhões em vez de dólares, mas os princípios são os mesmos. Mesmo no atual clima econômico, estamos bem porque escolhemos nossos inquilinos cuidadosamente e temos equipes de profissionais de administração que asseguram a felicidade de nossos inquilinos.

Se você quiser mais detalhes sobre nossa forma de investir com retornos infinitos, leia *Imóveis: Como investir e ganhar muito dinheiro* (Campus/Elsevier, 2005) de Ken McElroy. Há um ponto a ser lembrado: nós não compramos casas para revender. Nossa fórmula é comprar ativos por muitos anos e depois vender tempo de aluguel por mês.

IMPRIMINDO O NOSSO DINHEIRO COM ATIVOS FINANCEIROS

Há muitas formas de se imprimir seu próprio dinheiro com ativos financeiros. Uma maneira é usar a estratégia de opções. Por exemplo, digamos que eu compre um lote de mil ações a $2 a ação. Vou para o mercado de opções e vendo uma opção de compra de minhas mil ações por um prêmio de $1 a ação ($1 mil) por 30 dias. Se a ação atingir $3 ou mais, a pessoa que comprou a opção poderá comprar as ações por $3. Se a ação não atingir $3 em 30 dias, mantenho minha opção de $1 mil. Veja, novamente, que comprei para o longo prazo e vendi por mês.

Nesse exemplo simplificado, vender a opção de 30 dias colocou $1 mil imediatamente em meu bolso. Se vender outra opção de 30 dias com as mesmas ações, nos mesmos termos e a ação não subir a mais de $3, faço outros $1 mil com os $2 mil originais, enquanto ainda possuo as ações. Terei um retorno de 100% de meu investimento de $2 mil, tendo emitido meu próprio dinheiro por meio da minha inteligência financeira. Para mim, isso faz mais sentido do que deixar o dinheiro em um fundo para o longo prazo e ter seu dinheiro legalmente roubado pelos *traders* de curto prazo de ações e opções.

IMPRIMINDO O SEU DINHEIRO COM OURO E PRATA

Imprimi meu próprio dinheiro ao construir minas de ouro e prata e depois vender participações (derivativos) de minha empresa na bolsa de valores. No momento estou trabalhando em uma empresa de mineração de cobre que abrirá capital em bolsa de valores quando o preço do cobre melhorar. Percebi que tornar uma empresa pública não é realista para a situação atual, ainda assim, é uma das melhores maneiras de se ter uma ideia e criar uma fortuna pessoal.

Abrir o capital da empresa foi o que o coronel Harland Sanders fez, com 65 anos. Como diz a lenda, após uma autoestrada ter sido construída ao lado de seu restaurante especializado em pratos à base de galinha e, dessa forma, reduzir significativamente o fluxo da clientela e, após perceber que seu cheque da previdência social não o manteria financeiramente vivo, Sanders ofereceu sua receita de preparo de frango (um derivativo) no mercado e foi recusado mais de mil vezes. Finalmente, após tantas rejeições, alguém comprou sua receita,* construiu um grande negócio, abriu *franchises* e vendeu ações (outro derivativo) de sua empresa para o público. Ao evoluir do quadrante A para o quadrante D, o coronel transformou má sorte em riqueza. Mudou seu pensamento e mudou sua vida. Sempre que alguém me diz: "Sou velho demais para mudar" eu conto a história do coronel e sua receita de preparo de galinhas.

A razão para ter mencionado ouro e prata é eu preferir ter esses metais a ter dinheiro. Dado que sou capaz de emitir meu próprio dinheiro, não preciso me preocupar em poupar dinheiro para dias ruins. Com o governo emitindo tanto dinheiro, sinto-me mais seguro poupando em prata e ouro.

Se você quer aprender mais sobre ouro e prata, leia o livro de meu amigo Mike Maloney, *Como investir em metais preciosos* (Campus/Elsevier, 2009), da coleção Pai Rico, no qual ele explica por que o ouro e a prata são investimentos vitais para a economia atual.

Nova Regra do Dinheiro 8: Dado que o dinheiro está se tornando menos valioso, aprenda a emitir o seu próprio dinheiro

Quando eu tinha apenas 9 anos, meu Pai Rico me deu um dos melhores presentes que se pode ganhar: educação financeira.

A Nova Regra do Dinheiro 8 origina-se na Regra do Dinheiro 1: *Conhecimento é a nova moeda.* Uma pessoa financeiramente educada possui vantagem injusta sobre aqueles com educação tradicional.

Dado que nossos líderes, como você já sabe, estão usando as mesmas ideias que criaram nossos problemas, creio que é melhor mudarmos, como

**Nota da Tradutora*: O autor se refere ao KFC, Kentuchy Fried Chicken, conhecida rede de fast-food.

fez o coronel Sanders. Podemos nos transformar, mudando a forma como pensamos e aquilo que estudamos.

O maior erro da educação

A principal razão para que a maioria das pessoas tema a mudança é o medo de cometer erros, especialmente erros financeiros. A maioria das pessoas se agarra à segurança do trabalho porque têm medo de falhar financeiramente. A razão para que a maioria delas entregue seu dinheiro para outros administrarem é esperarem que o especialista não cometa erros, o que é, ironicamente, um erro.

Para mim, o maior problema de nosso sistema educacional é que ele ensina as crianças que elas não podem cometer erros. Aprendemos a conduzir uma bicicleta caindo, levantando e subindo nela novamente. Aprendemos a nadar entrando na água. Como as pessoas podem aprender a mexer com dinheiro se elas têm medo de cometer erros?

Por que a maioria das crianças fracassa na escola?

O diagrama a seguir é chamado de Cone de Aprendizagem, desenvolvido por Bruce Hyland, baseado no Cone da Experiência de Edgard Dale, criado em 1946. Isso explica por que tantas crianças não gostam da escola, acham chato e fracassam na retenção de muita informação após anos sentados em uma sala de aula.

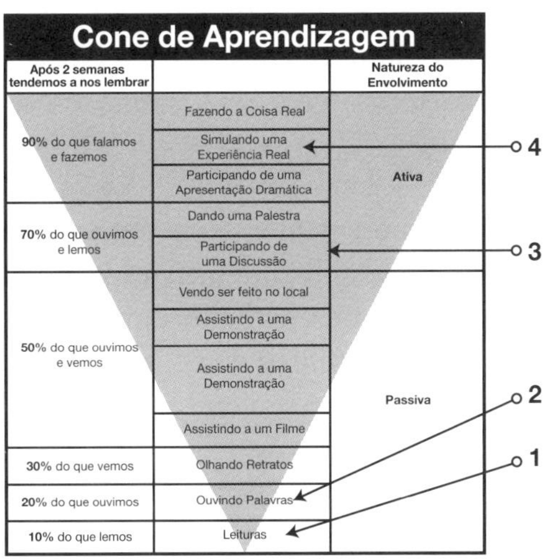

Fonte: Dale. *Ensinamentos por Métodos Audiovisuais*, IE 1969, Wadsworth, Cengage Learning, Inc. Reproduzido com autorização, www.cengage.com/permissions

Flecha 1: Leitura. De acordo com o Cone da Aprendizagem, a pior maneira de aprender e reter informação é pela leitura, pois a retenção de longo prazo é menor que 10%.

Flecha 2: Ouvir palavras. A segunda pior maneira de aprender é ouvindo alguém falar. Você já percebeu que as duas principais maneiras de ensinar nas escolas são por meio da leitura e da oralidade?

Flecha 3: Participar de um grupo de discussões aumenta a retenção. Na escola, sempre quis participar de grupos de discussão, especialmente na época de provas. O problema é que as escolas chamam isso de colar. Na vida real, faço minhas provas financeiras junto com minha equipe, porque todos sabemos que duas cabeças funcionam melhor do que uma.

Flecha 4: Apresentação por simulação ou jogos. A razão para que essas ferramentas de ensino sejam efetivas é aprendermos com nossos erros na simulação ou jogos. Mesmo na escola de voo, passei muitas horas nos simuladores antes de voar a coisa real. Hoje, as companhias aéreas gastam milhões treinando seus pilotos para voar em simuladores. Isso não apenas é eficiente, mas o piloto também pode tentar manobras diferentes sem colocoar em risco o avião real.

Aprendi a pensar como uma pessoa do lado D e I do quadrante ao jogar, por horas, o Banco Imobiliário com meu Pai Rico. Primeiro, cometi muitos erros financeiros no tabuleiro do jogo, depois pratiquei com pequenos investimentos, cometendo pequenos erros para ganhar experiência na vida real. Sou um homem rico hoje não porque era bom na escola, mas porque compreendi como é importante aprender com os erros.

Aposentando-se cedo

Em 1994, Kim e eu nos aposentamos. Kim tinha 37 anos e eu, 47. Nós nos aposentamos cedo porque tínhamos mais ativos do que passivos. Hoje, apesar da crise financeira, estamos ainda melhores porque continuamos a adquirir ou criar mais ativos. Milhões de pessoas estão em dificuldades financeiras porque hoje elas descobriram que certas coisas que pensavam que eram ativos eram, na verdade, passivos.

Em 1996, Kim e eu criamos nosso jogo CASHFLOW para permitir que as pessoas cometessem erros financeiros antes de investir no mundo real.

Em 1997, publiquei por minha conta *Pai Rico Pai Pobre,* que argumentou que sua casa não é um ativo, que os ricos pagam menos impostos, que os ricos não trabalham por dinheiro e que sabem emitir seu próprio dinheiro. Em 2007, milhões de pessoas descobriram que suas casas não eram ativos e, sim, passivos.

Em 2002, em *Profecias do Pai Rico* (Campus/Elsevier, 2003), argumentei que os planos de pensão, com os quais milhões de pessoas contavam, brevemente desmoronariam. Hoje, em 2009, minha mensagem não mudou.

Comentário

O conhecimento pode ser o novo dinheiro, mas só é útil se todos os outros componentes do triângulo D-I estiverem completamente entendidos e implementados pelo investidor sério. Este livro é um bom começo para aqueles que buscam maior clareza nos investimentos em épocas incertas. Obrigado por compartilhar sua experiência conosco.

Ray Wilson

Capítulo 12

Se o sistema escolar estivesse sob meu controle

Por falta de educação financeira, a vida de muitas pessoas é uma luta árdua. Como discutimos anteriormente, muito da crise financeira se deve à falta desse tipo específico de educação. Sou um defensor da educação, ainda que muitas pessoas muitas vezes pensem que não. Acredito que a educação é, hoje, mais importante do que jamais foi. Sem educação financeira como parte do currículo principal, as escolas prestam um imenso desserviço às crianças e ao mundo, falhando em prepará-las para a realidade.

Muito do que se segue foi abordado neste livro e em outros da série Pai Rico. Como bônus, pensei em colocar algumas de minhas ideias sobre educação financeira neste capítulo. Ainda que o capítulo não possa conter tudo que um programa de educação financeira deva incluir, acredito que cubra tudo que é diferente do pensamento financeiro tradicional. Se o sistema educacional estivesse sob meu controle, criaria um programa que incluísse as 15 lições financeiras a seguir.

1. A história do dinheiro

Assim como os humanos evoluíram, o dinheiro também evoluiu. O "dinheiro" ocorreu originalmente na forma de escambo com galinhas ou leite, depois contas e conchas, em seguida moedas de ouro, prata e cobre. Eram objetos físicos destinados a ter valor tangível e eram transacionados por itens de valor similar. Hoje, boa parte do dinheiro é papel-moeda, uma promissória do governo, também conhecido como *fiat,* dinheiro escritural. O papel-moeda não tem valor intrínseco nem extrínseco. É um derivativo do valor de alguma outra coisa. No passado, muitas moedas eram derivativas do ouro; hoje derivam da dívida, uma promessa de pagamento dos contribuintes do país em questão.

Hoje, o dinheiro não é mais um objeto tangível, como galinhas, ouro ou prata. O dinheiro moderno, hoje, é uma ideia, endossada pela fé e crença em um governo. Quanto mais confiável for o governo, mais valioso é seu dinheiro e vice-versa. A evolução do dinheiro de objeto tangível para ideia é uma das razões para o assunto dinheiro ser tão confuso. É difícil entender algo que não se pode mais ver, tocar ou sentir.

2. Compreensão da contabilidade pessoal

Meu Pai Rico dizia com frequência: "O banco nunca pede seu histórico escolar. Um banqueiro não dá a mínima para as suas notas. O que ele quer saber é de seu histórico financeiro."

Uma educação financeira começa com o entendimento de que há três partes em uma demonstração financeira.

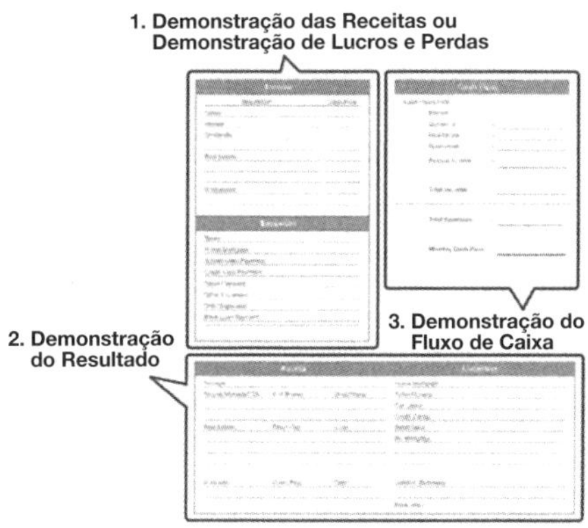

Para melhor compreensão das demonstrações financeiras, seguimos para a lição 3, a diferença entre ativos e passivos.

3. A diferença entre ativos e passivos

Meu Pai Pobre sempre dizia: "Nossa casa é um ativo." Meu Pai Rico dizia: "Se seu Pai tivesse educação financeira sólida, saberia que a casa dele não é um ativo, mas um passivo."

Um aspecto importante da educação financeira é entender o vocabulário do dinheiro. Para aumentar seu poder sobre o dinheiro, comece usando palavras como *ativo* e *passivo.*

Meu Pai Rico tinha definições simples para *ativos* e *passivos.* Dizia: "Ativos colocam dinheiro em seu bolso sem que você trabalhe, passivos tiram dinheiro de seu bolso, mesmo quando você está trabalhando."

As demonstrações financeiras da figura a seguir facilitam a explicação de ativo e passivo.

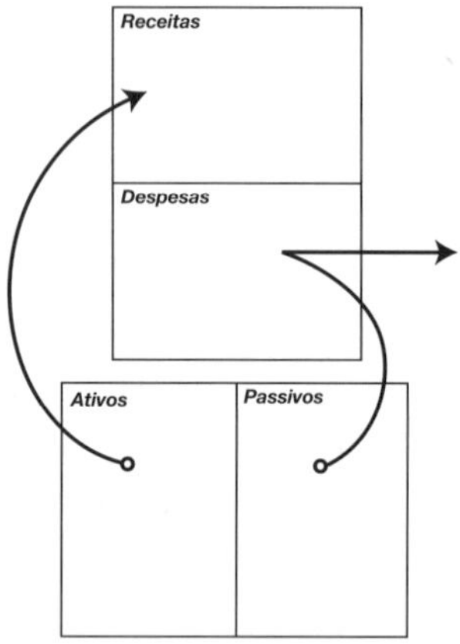

As flechas representam a Demonstração de Fluxo de Caixa. Uma flecha mostra o dinheiro fluindo para seu bolso, na coluna Receitas, proveniente de um ativo, tal como aluguéis de uma propriedade ou dividendos de uma ação. A outra flecha mostra o dinheiro fluindo para fora de seu bolso, na coluna Despesas, para algum passivo como pagamento de carro ou a hipoteca da sua residência pessoal.

Uma das razões pelas quais os ricos ficam mais ricos é eles trabalharem para adquirir ativos. Todas as demais pessoas entram em dificuldades financeiras porque trabalham arduamente para comprar passivos que pensam ser ativos, como casas e carros. Quando conseguem um aumento, compram uma casa maior e um carro melhor, esperando aparentar que estão enriquecendo, quando, na verdade, estão ficando mais pobres, mais afundadas em dívidas.

4. A diferença entre ganhos de capital e fluxo de caixa

A maioria das pessoas investe por *ganhos de capital.* É por isso que ficam excitadas quando a bolsa de valores sobe. As pessoas que investem por ganhos de capital estão jogando, fazendo apostas. Como disse Warren Buffett: "A razão mais idiota do mundo para se comprar uma ação é ela estar subindo."

Uma pessoa educada financeiramente investe em busca das duas coisas: fluxo de renda e ganhos de capital. Há duas razões para isso:

Razão 1. Uma moeda precisa fluir de um ativo que produza fluxo de caixa ou perde valor. Em outras palavras, se seu dinheiro está estacionado, esperando por valorização ou por aumento do preço, sua moeda não é produtiva ou não está trabalhando por você.

Razão 2. Investir por fluxo de caixa livra quase que totalmente seu investimento do risco. É difícil se sentir um perdedor quando o dinheiro está fluindo para seu bolso – ainda que o preço de seu ativo sofra depreciação. Por outro lado, se ocorre o inverso, é bônus adicional, dado que você já estará coletando fluxo de caixa.

O diagrama a seguir mostra a diferença entre ganhos de capital e fluxo de renda.

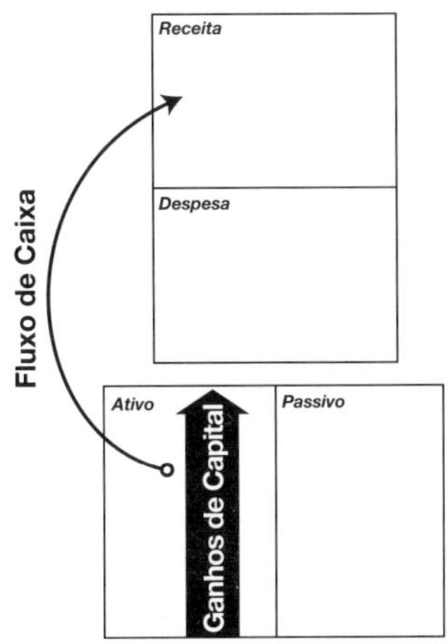

5. A diferença entre análises técnica e fundamentalista

Investir com base em técnica fundamentalista é o processo de analisar o desempenho financeiro da empresa, e isso começa com o entendimento das demonstrações financeiras.

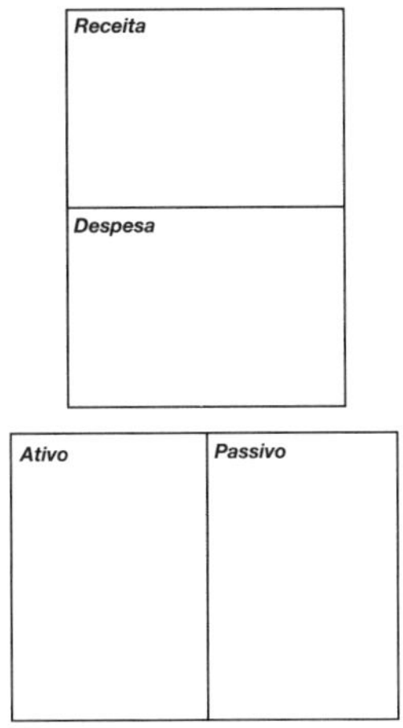

Uma pessoa financeiramente inteligente quer saber quão inteligentemente é administrada uma empresa ou propriedade na qual quer investir, e isso só pode ser feito pela análise das demonstrações financeiras.

Investir por análise técnica é medir as emoções ou humores do mercado usando indicadores técnicos. O investidor técnico pode não se importar com os fundamentos de uma empresa. Ele olha gráficos que medem os preços, como o que se segue.

Os gráficos são importantes porque são baseados em fatos, principalmente o preço de compra/venda de algo – por exemplo, o preço de uma ação ou mercadoria como ouro ou prata. Gráficos com linhas ascendentes indicam preços em alta, o que significa que dinheiro está fluindo para o mercado. Gráficos com linhas descendentes significam que o dinheiro está saindo daquele mercado. Um investidor técnico observa padrões históricos baseados no fluxo de caixa e faz investimentos com base em padrões passados e previsões futuras do comportamento do mercado.

Um investidor financeiramente educado também quer saber para onde o dinheiro está fluindo. Por exemplo, quando o mercado acionário entrou em colapso e as pessoas ficaram com medo, muito dinheiro fluiu para o mercado de ouro. Um investidor técnico pode ter previsto que o ouro subiria e que o mercado acionário despencaria baseado em indicadores técnicos e, então, moveria seu dinheiro para o mercado de ouro antes das demais pessoas.

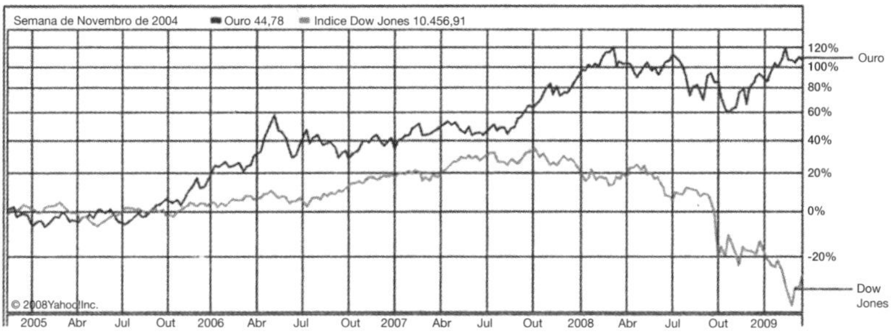

Reproduzido com a permissão da Yahoo! Inc. ©2009 Yahoo! Inc.

Novamente, perceba a importância do fluxo de caixa sobre o preço ou ganhos de capital – razão para que as pessoas financeiramente educadas mantenham seu dinheiro se movimentando. Se elas estacionam seu dinheiro em uma classe de ativos, como muitos investidores amadores fazem, podem perder seus investimentos quando o dinheiro flui para outra classe de ativos.

Dado que todos os mercados sobem ou caem, e todos os mercados passam por *booms* e crises, isso nos leva para a lição 6, quão forte é um ativo.

6. Medindo a força de um ativo

Muitas vezes escuto as pessoas dizerem: "Tenho uma ideia para um excelente produto novo", "Descobri uma propriedade formidável para investimento", "Gostaria de investir em ações de tal companhia. O que você acha?".

Para essas questões, cito o triângulo D-I a seguir.

O triângulo D-I recebe esse nome a partir do quadrante CASHFLOW mencionado anteriormente e repetido aqui.

Novamente:

E significa *empregado*
A significa *autônomo* (proprietários de pequenos negócios e especialistas, como médicos e advogados)
D significa *dono* (proprietários de grandes empresas)
I significa *investidor*

Você deve ter notado que produto é a parte menos importante do triângulo D-I. A razão para que tantas pessoas falhem em seus recém-iniciados negócios é focarem o produto, não a totalidade do triângulo D-I. O mesmo é verdade para o mercado imobiliário. Muitos investidores observam apenas a propriedade e não o triângulo D-I inteiro.

Pai Rico disse: "Quando uma pessoa, negócios ou investimentos estão em dificuldades financeiras, uma ou mais das integridades do triângulo D-I está faltando ou não está funcionando." Em outras palavras, antes de investir em qualquer coisa ou começar seu próprio negócio, avalie o triângulo D-I inteiro e pergunte-se se aquele investimento ou negócio tem um triângulo D-I consistente.

O mundo de hoje precisa de mais empreendedores que saibam como construir um triângulo D-I forte. Ao criar empreendedores fortes, criamos mais trabalho para pessoas que são E e A.

Em vez de criar mais empregos, o governo deveria criar mais empreendedores.

Isso nos conduz à lição de educação financeira 7.

7. Saiba como escolher bons profissionais

Pai Rico sempre dizia: "A maneira de encontrar um bom sócio é ter tido um mau sócio."

Durante minha carreira, tive sócios formidáveis e sócios terríveis. Como disse Pai Rico, a melhor forma de se reconhecer um bom sócio é experimentar a dor de um parceiro ruim, e eu conheci dores profundas no tocante a sócios.

O maior problema é que você não sabe quão bom ou ruim um sócio pode ser até que as coisas fiquem realmente ruins. A boa notícia é que para cada negócio ou sócio ruim que eu tive, *sempre* encontrei alguém formidável. Por exemplo, encontrei meu sócio de investimentos imobiliários Ken McElroy por causa de um terrível engano com um sócio horrível. Desde então, Ken e eu temos conseguido fazer milhões de dólares e ele é um dos melhores sócios que eu e Kim temos.

Uma das lições que aprendi com Ken é que há três partes em um grande negócio. São elas:

1. Parceiros ou sócios
2. Financiamento
3. Administração

Isso é verdade para qualquer investimento ou negócio. Quando você investe seu dinheiro, você se torna parceiro naquele empreendimento, ainda que não conheça ninguém mais envolvido. Por exemplo, quando uma pessoa investe em um fundo, ela se torna sócia daquele fundo de investimento.

Hoje, posso rapidamente avaliar a maioria dos investimentos ao me perguntar: Quem são os sócios? Quero ser sócio deles? Qual é a estrutura financeira? Ela é favorável? Quão competente é a administração? Se essas questões forem satisfeitas, posso vir a considerar o investimento.

Isso nos conduz à lição 8.

8. Saiba quais investimentos são melhores para você

Existem quatro tipos básicos de ativos nos quais investir

Balancete

Ativos	*Passivos*
Empresas Imóveis Ativos Financeiros Commodities	

EMPRESAS

Vantagens. Uma empresa é um dos ativos mais poderosos para se possuir porque você pode se beneficiar de vantagens tributárias, utilizar pessoas para aumentar seu fluxo de caixa e ter o controle de suas operações. As pessoas mais ricas do mundo construíram empresas. Exemplos são Steve Jobs, fundador da Apple, Thomas Edison, fundador da General Electric, e Sergey Brin, fundador da Google.

Desvantagens. Intensidade de relacionamentos. Isso quer dizer que você tem de administrar empregados, fornecedores e clientes. Habilidade com pessoas e liderança, assim como pessoas talentosas que conseguem trabalhar em equipe, são essenciais para o sucesso do negócio. Em minha opinião, de todas as quatro classes de ativos, a empresa é a que exige mais inteligência e experiência financeira para ser bem-sucedida.

IMÓVEIS

Vantagens. Podem trazer grandes retornos especialmente quando se utiliza DOP (dinheiro de outras pessoas) e bancos para alavancar o empreendimento, além de se coletar fluxo de caixa constante se o ativo for bem administrado.

Desvantagens. Intensidade de administração. O investimento imobiliário é um ativo que exige controle constante, ele é ilíquido e, se for mal administrado, pode custar muito dinheiro. Após as empresas, os imóveis são a segunda classe de ativos que mais requerem inteligência financeira. Muitas pessoas não possuem o QI financeiro necessário para se investir bem em imóveis.

ATIVOS FINANCEIROS: AÇÕES, POUPANÇA, RENDA FIXA, FUNDOS

Vantagens. Os ativos financeiros têm a vantagem de serem fáceis de investir. Adicionalmente, são líquidos e escaláveis, o que quer dizer que a pessoa pode começar pequeno, com muito menos dinheiro do que outros tipos de ativos.

Desvantagens. Uma desvantagem dos ativos financeiros é que são muito líquidos, significando que são fáceis de serem vendidos. O problema com ativos líquidos é que, quando o dinheiro começa a fluir fora do mercado, é muito fácil perder dinheiro rapidamente se você não vender a tempo. Os ativos financeiros requerem monitoramento constante.

Dado que grande parte dos investidores possui pouca ou nenhuma educação financeira, a maioria das pessoas investe em ativos financeiros.

COMMODITIES: OURO, PRATA, PETRÓLEO ETC.

Vantagens. As *commodities* são boa proteção contra a inflação (*hedges*) – o que é importante quando o governo está emitindo excesso de moeda, como acontece hoje. A razão para que elas reduzam o impacto inflacionário é serem ativos tangíveis que são comprados com moeda corrente. Assim, quando o suprimento de moedas aumenta, há mais dinheiro procurando pela mesma quantidade de mercadorias. Isso faz o preço das commodities aumentar ou inflar. Bons exemplos são petróleo, ouro e prata, todos valendo muito mais do que valiam a poucos anos, graças ao processo de impressão.

Desvantagens. Dado que as commodities são ativos físicos, você precisa se certificar de que estejam armazenadas adequadamente e em segurança.

Quando você decidir qual classe de ativos é melhor para você ou em qual você está mais interessado, sugiro que estude tal classe de ativos; invista seu tempo *antes* de investir seu dinheiro. A razão para dizer isso é que não é o ativo que o enriquece. Você pode perder dinheiro em qualquer classe de ativos. Ao contrário, é seu conhecimento de cada classe de ativos que o torna rico. Nunca se esqueça de que seu maior ativo é sua própria mente.

Isso nos conduz à lição financeira 9, que fala sobre foco e diversificação.

9. Saiba quando focar e quando diversificar

A maioria das pessoas recomenda a diversificação como proteção contra as incertezas do mercado. Mas Warren Buffett diz, em seu *Tao de Warren Buffett,* que "a diversificação é uma proteção contra a ignorância. Faz muito pouco sentido para aqueles que sabem o que estão fazendo".

A verdadeira diversificação inclui investir em todas as quatro classes de ativos, não apenas tipos diferentes de uma classe de ativos. Minha coluna de ativos contém todas as quatro classes de ativos. Estou, de muitas maneiras, diversificado, mas em muitas outras não estou, dado que foco apenas grandes investimentos em cada uma das classes.

FOCUS significa Follow One Course Until Successful (Siga um curso até o sucesso). Se você quer ser bem-sucedido no lado B e I do quadrante, é importante focar. Escolha a classe de ativos na qual você quer ser bom e siga esse curso até que o sucesso ocorra. Se você está interessado em imóveis, por exemplo, estude, pratique, comece pequeno e foque até que você consiga ter dinheiro fluindo consistentemente para sua conta corrente. Quando estiver certo de que pode produzir fluxo de caixa em seus pequenos negócios, então, cautelosamente, procure algo maior, mantendo-se concentrado na produção de fluxo de caixa.

Não vivo dentro de minhas possibilidades. Em vez de tentar poupar dinheiro, prefiro focar o aumento de meus ativos. Todos os anos, minha esposa e eu estabelecemos nossos objetivos para o ano seguinte. Ao focar o aumento do fluxo de renda de nossos ativos, nossa renda de ativos sobe. Em 1989, Kim começou com uma casa de dois quartos, um banheiro em Portland, no Oregon. Hoje, ela possui mais de 1.400 propriedades. No próximo ano ela planeja adicionar 500 mais. Planejo adicionar três poços de petróleo a minha coluna de ativos.

Em 1966, comecei estudando commodities, especialmente petróleo, como estudante, navegando para a Standard Oil da Califórnia. Em 1972, passei a estudar ouro como piloto no Vietnã. Em 1973, foquei os imóveis assim que retornei da guerra. Antes de propriamente investir, entrei em um programa sobre o mercado imobiliário e saí dali para fazer milhões. Mas, ainda mais importante do que dinheiro, aquele curso me deu liberdade e estabilidade financeira mesmo na economia em crise. Em 1974, passei a focar empresas quando saí da Marinha e passei a trabalhar para a Xerox, para aprender a habilidade de vender. Em 1982, comecei a estudar o mercado acionário e de opções. Hoje, possuo ativos de todas as quatro classes, assim, estou diversificado, mas jamais perco meu foco.

Isso nos leva à lição 10.

10. Minimize o risco

Construir um negócio e investir não é necessariamente arriscado. Não ser educado financeiramente é que é arriscado. Assim, o primeiro e melhor passo para minimizar o risco é a educação. Por exemplo, quando quis aprender a voar, fiz lições de voo. Se eu tivesse entrado em um avião e decolado, provavelmente teria caído e morrido.

O segundo passo é proteger seus investimentos. Investidores profissionais usam seguros para proteger seus investimentos. A maioria de nós não dirigiria um carro sem seguro. Ainda assim, a maioria das pessoas investe sem se garantir. Isso é muito arriscado.

Quando invisto no mercado acionário, por exemplo, eu compro um seguro, por meio do mercado de opções, como expliquei anteriormente. Essa é apenas uma das muitas maneiras que os investidores profissionais usam para se assegurar no mercado acionário.

Tenho seguros contra perdas – incêndio, inundação e outros desastres naturais – quando se trata de meus investimentos em imóveis. Um dos bônus de se possuir imóveis de aluguel é que as quantias pagas pelos inquilinos cobrem os custos com seguros. Se minha propriedade queimar, não perco dinheiro, porque tenho seguro para cobrir minhas perdas.

Diversificação não protege os investidores de perdas. Se você observar a figura do triângulo D-I a seguir, verá outras maneiras de diversificar os riscos.

Perceba que uma das oito integridades é "Aspectos Legais". Ter um advogado em sua equipe é essencial para minimizar riscos. Um bom aconselhamento legal não tem preço porque o mantém longe de problemas com a lei, e é sempre menos caro do que buscar advogados quando você já está no meio da confusão.

Quando estiver criando um produto, quero proteger você, e minha empresa, de ladrões e piratas. Meus produtos e negócios se utilizam dos serviços de advogados para patentes, marcas e direitos autorais. Com essas patentes, marcas e direitos, transformo esses derivativos de meus produtos em ativos. Quando escrevo um livro, posso vender 40 ou 50 licenças para que editoras imprimam meus livros em idiomas diferentes. Meus produtos não teriam valor se eles não estivessem protegidos e não tivessem se tornado ativos legalmente.

Creio que apenas as pessoas iletradas financeiramente investem sem seguros, contando com a diversificação para protegê-las. Isso leva ao maior risco de todos: o risco de perder dinheiro por meio de impostos.

11. Saiba minimizar o custo dos impostos e das taxas

Quando você diz a uma criança, "Vá para a escola para conseguir um emprego" você está sentenciando aquela criança a uma vida na terra dos impostos máximos. Isso também é verdade quando você diz a uma criança: "Torne-se um médico ou advogado porque você fará muito dinheiro." Esses trabalhos estão nos quadrantes E e A.

Dê uma olhada no Quadrante CASHFLOW a seguir.

As pessoas que trabalham no quadrante E e A pagam o máximo em impostos.

Aqueles que trabalham nos quadrantes D e I pagam o mínimo de taxas e, às vezes, pagam taxa zero, mesmo quando fazem milhões de dólares. Uma razão para isso é que aqueles nos quadrantes D-I produzem muito da riqueza que as nações precisam e, consequentemente, são recompensados por criarem emprego e construírem casas ou escritórios para as pessoas e as empresas alugarem.

12. A diferença entre dívida e credibilidade

Como muitos de vocês sabem, existem dívidas boas e dívidas ruins. Possuir sua própria casa é dívida ruim porque tira dinheiro de seu bolso. Possuir uma casa de aluguel que lhe paga uma renda mensal, cobrindo suas despesas, incluindo o pagamento de hipoteca, é dívida boa porque coloca dinheiro em seu bolso.

A chave para usar dívida é saber como emprestar com sabedoria e como pagar o dinheiro de volta, para não prejudicar sua credibilidade. Quanto maior sua credibilidade, mais dívida você pode usar para se tornar rico. Mas, de novo, a chave é sua educação financeira e as experiências da vida real.

Mesmo na crise financeira de hoje, há bancos que ainda estão emprestando milhões para investidores que possuam credibilidade.

Se você leu *Pai Rico Pai Pobre,* deve se lembrar da história de Ray Kroc, fundador do McDonald´s. No livro, está a história sobre a pergunta de Ray Kroc: "Qual é o negócio do McDonald's?" Após a maioria das pessoas responder "Hambúrgueres", Ray Kroc disse: "Meu negócio são imóveis." O McDonald's usa o negócio de fast-food para comprar imóveis. Uso meus negócios com apartamentos para comprar imóveis. Saber em que negócio estamos, e sermos bons nisso, nos dá credibilidade, a qual, por sua vez, nos dá acesso a crédito bom.

13. Saiba usar derivativos

Warren Buffett se referiu aos derivativos como armas de destruição em massa. Muito dessa crise se deveu a derivativos financeiros, mas eles também são instrumentos de criação financeira maciça. Em 1996, Kim e eu criamos a Rich Dad Company, um derivativo de nossas mentes. Também criamos jogos e livros, como *Pai Rico Pai Pobre,* e esse que você está lendo. Quando criamos e vendemos esses livros e jogos, agimos como o banco central, gerando dinheiro do nada. No momento estamos trabalhando na franquia da Rich Dad Company, outro derivativo de nossas mentes.

Lembre-se sempre: Seu maior ativo é sua mente. Com educação financeira apropriada, você também pode inventar seu próprio derivativo de criação financeira em massa.

14. Saiba como seu dinheiro é roubado

Ao olhar para as demonstrações financeiras das pessoas, você pode ver por que a maioria que está do lado E e A do Quadrante CASHFLOW tem dificuldades financeiras.

Essas despesas vão diretamente para aqueles que operam do lado D e I do quadrante.

Para aqueles do lado direito – D e I – é possível legalmente ganhar milhões sem pagar nada de impostos, usar dívidas para aumentar sua riqueza, ganhar com a inflação e não ter necessidade de um plano de aposentadoria repleto de ativos financeiros de risco, como ações, títulos e fundos.

A grande diferença entre os dois quadrantes é que E e A trabalham por dinheiro e D e I trabalham para criar ativos que produzam fluxo de caixa.

15. Saiba como cometer erros

Todos nós sabemos que é impossível aprender sem fazer, e fazer significa, com frequência, cometer erros. Uma criança não pode caminhar se for punida por cair. Você não pode aprender a nadar, a menos que caia na água. Você não pode aprender a pilotar um avião somente ao ler um livro ou assistir a uma palestra. Ainda assim, o sistema escolar ensina por meio de leitura, palestras e punições das pessoas que cometem erros.

A figura a seguir é um Cone de Aprendizado. Ele explica as melhores maneiras de aprender. Na base do Cone está a leitura, com 10% de taxa de retenção. A seguir vem ouvir palavras ou assistir a uma palestra, com taxa de retenção de 20%.

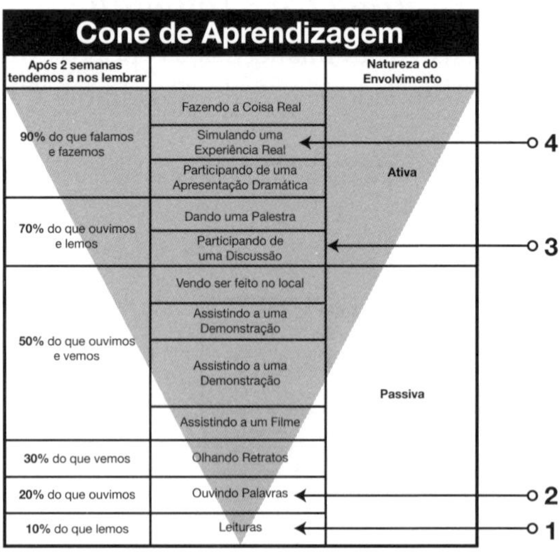

Fonte: Dale. *Ensinamentos por Métodos Audiovisuais*, IE 1969, Wadsworth, Cengage Learning, Inc. Reproduzido com autorização; www.cengage.com/permissions

Quando você observa "simulando uma experiência real", percebe que a taxa de retenção é de 90%, e é considerada a mais próxima da experiência real.

A principal razão para que simulações e jogos sejam instrumentos tão poderosos de aprendizagem é eles permitirem que os estudantes cometam erros e aprendam com eles. Quando estava na escola de voo, passei horas incontáveis em simuladores de voo. Não apenas era mais barato, mas também era mais seguro. Cometi muitos erros nos simuladores e me tornei um piloto muito melhor porque aprendi com meus erros.

Uma das razões para que eu não sentisse medo em operar nos quadrantes D e I foi ter jogado Banco Imobiliário por horas quando era criança. Compreendi o poder do fluxo de caixa com as casinhas verdes e os hotéis.

Um grande erro em educação financeira

O maior erro em educação financeira hoje é levar bancários, agentes e consultores financeiros para ensinar os jovens sobre o dinheiro. Como podemos esperar que a crise financeira acabe quando os empregados das mesmas organizações que provocaram a crise estão ensinando nossas crianças?

Isso não é educação financeira. É exploração financeira. É onde o grande assalto financeiro começa.

Se ensinássemos as pessoas a ver o mundo por meio do prisma do Quadrante CASHFLOW, seus mundos mudariam para sempre. As pessoas descobririam um mundo inteiramente novo de abundância e oportunidade financeira.

Recentemente, encontrei um homem que passou a maior parte da vida no quadrante E, como motorista de caminhão. Ele trabalhava muitas horas em busca de um salário decente, mas nunca se sentiu financeiramente seguro. Quando as coisas ficaram ruins por causa dos aumentos do preço do combustível, sua empresa precisou fazer cortes e ele foi demitido. Naquele momento ele se comprometeu com sua educação financeira e com o aumento de QI financeiro. Mais tarde ele adquiriu uma franquia na indústria de caminhões sobre a qual ele já sabia muito e se tornou um empreendedor. Hoje, ele é um homem financeiramente livre.

Quando conversamos, ele me disse que antes de se tornar um empreendedor, ele via o mundo como um lugar de oportunidades limitadas, onde estava aprisionado por salários baixos, muitas horas de esforço, altos impostos e aumento de despesas, como comida, gasolina e energia elétrica. Hoje, ele vê o mundo como um lugar de possibilidades infinitas. Sua vida mudou para sempre porque ele mudou seu modelo mental e passou a ver o mundo pelo lado D e I do quadrante. Ele poderia facilmente ter se candidatado a um seguro-desemprego enquanto esperava por algo, mas, em vez disso, elevou sua inteligência financeira.

Para mim esse é um exemplo perfeito de minha crença de que dar dinheiro às pessoas não resolverá seus problemas. Acredito que é hora de parar de dar peixes às pessoas. É hora de ensiná-las a pescar e dar a elas o poder de resolver seus próprios problemas financeiros. A educação financeira tem o poder de mudar o mundo. Prevejo que o primeiro país que adotar um programa amplo de educação financeira para todos seus alunos, ricos ou pobres, emergirá como potência financeira mundial.

O fim e o começo

Alcançamos agora o fim de nossa jornada de exploração da conspiração dos ricos. É o fim deste livro, mas não pode ser o fim da história – sua história. Minhas 15 lições financeiras podem nunca ser ensinadas nas escolas, mas aqueles que estiverem dispostos a colocar tempo e esforço para aumentar o QI financeiro podem aprendê-las. E elas podem ser passadas de pais para filho, assim como meu Pai Rico as passou para mim e seu filho. Você tem em suas mãos o poder de optar por sair da conspiração dos ricos e viver uma vida rica, juntamente com as pessoas que ama.

A missão da Rich Dad Company é aumentar o bem-estar financeiro da humanidade por meio de seus livros, jogos, produtos, seminários, assim como educação avançada e programas de *coaching* para aqueles que querem avançar ainda mais. Assim como este livro se espalhou como fogo selvagem pela internet, por meio de conversas e blogs, assim, também, a mensagem da Rich Dad Company pode se espalhar. Uma mensagem de uma vida rica e liberdade financeira espalhando-se pelo mundo. Juntos, uma pessoa e uma criança de cada vez, poderemos aumentar o bem-estar financeiro da humanidade. Juntos poderemos espalhar a mensagem de que *conhecimento é o novo dinheiro* e que nossa mente é o maior ativo que Deus nos deu.

Obrigado por fazer parte da história e fazer deste livro um sucesso.

Conclusão

Como roubamos de nós mesmos

Será que nos fizeram uma lavagem cerebral financeira? Acredito que sim. A principal razão pela qual as pessoas não conseguem vislumbrar o assalto diário de dinheiro ao redor delas é terem sido financeiramente programadas. Tornamo-nos os cães de Pavlov, para roubar de nós mesmos e, para isso, usamos palavras. Repetimos sem racionar os mantras que custam nossa riqueza.

As palavras têm o poder de nos enriquecer – ou de nos manter na pobreza, como disse anteriormente.

Nosso sistema escolar faz um bom trabalho ao treinar as pessoas para os quadrantes E e A. Durante nossos anos de formação, nossas famílias e o sistema escolar nos ensinam a repetir aquilo que acreditam serem palavras de sabedoria, mas que, na verdade, são palavras que nos treinam a roubar de nós mesmos. São mantras semeados em nossas cabeças, condicionando-nos a, de maneira submissa, desistir de nosso dinheiro, entregando-o àqueles que estão nos quadrantes D e I. Sem educação financeira sólida, permanecemos prisioneiros dos quadrantes E e A.

Nossos líderes não nos encorajam a mudar ou buscar maneiras de nos mover dos quadrantes E e A para os quadrantes D e I. Nossos líderes nos ensinam, ao contrário, a viver dentro de nossas possibilidades em vez de expandi-las. Em minha opinião, viver dentro de nossas possibilidades liquida nosso espírito. Isso não é vida!

O assalto: palavras que usamos para roubar de nós mesmos

Como você já sabe, aqueles que estão nos quadrantes E e A perdem sua riqueza por meio de impostos, dívidas, inflação e aposentadoria. Veja os seguintes exemplos de como nossas palavras se relacionam com aquelas forças e nos fazem roubar de nós mesmos.

Impostos: "Vá para a escola para conseguir um bom emprego." Essas palavras programam uma criança a ser empregado, que paga a maior alíquota de imposto sobre a renda. Quando você aconselha uma criança a trabalhar arduamente para fazer mais dinheiro, inadvertidamente empurra seu filho para a faixa de maior pagamento de impostos.

Aqueles educados para o modelo mental dos quadrantes D e I operam por um conjunto diferente de regras e pagam muito menos impostos, quando pagam.

Dívidas: "Compre uma casa. Sua casa é um ativo e seu maior investimento." Aconselhar uma pessoa a investir na casa própria é treiná-la para ir ao banco e entrar em dívida ruim. Uma casa é um passivo porque somente tira dinheiro de seu bolso. Muitas vezes, sua casa não é seu maior investimento; é seu maior passivo. Não coloca dinheiro em seu bolso.

Aqueles nos quadrantes D e I usam dívidas para comprar ativos que gerem renda, como prédios de apartamentos para alugar – ativos que colocam dinheiro em seus bolsos. As pessoas dos lados D e I dos quadrantes sabem a diferença entre dívidas boas e ruins.

Inflação: "Economize dinheiro." Quando uma pessoa poupa dinheiro em um banco, aumenta, sem saber, a inflação, que, ironicamente, desvaloriza suas poupanças. Devido à reserva fracionária, um banco pode pegar a poupança de uma pessoa e emprestá-la diversas vezes, cobrando muito mais juros nos empréstimos do que o recebido pelo poupador. Em outras palavras, os poupadores provocam a erosão de seu próprio poder de compra. Quanto mais poupam, mais a inflação aumenta.

Pouca inflação é melhor do que deflação, que é muito destrutiva e difícil de ser controlada. A questão é que os *bailouts* e os pacotes de estímulo não param a deflação e o governo poderá vir a imprimir tanto dinheiro que teremos hiperinflação. Desse modo, os poupadores serão verdadeiramente os maiores perdedores.

Você dá ao banco autorização para imprimir mais dinheiro a cada dólar que poupa. Quando você entender esse conceito, poderá enxergar por que aqueles que são financeiramente educados possuem vantagem competitiva.

Aposentadoria: "Invista para o longo prazo em uma carteira bem diversificada de ações, títulos e fundos." Essa pérola de sabedoria enriqueceu muitas pessoas *do* mercado financeiro no longo prazo. Quem *não* *iria querer* milhões de pessoas dos quadrantes E e A enviando mensalmente parte de seus salários? Eu me pergunto: Por que eu mandaria dinheiro para o sistema financeiro quando posso legalmente "emitir" meu próprio dinheiro, usando meu conhecimento financeiro e minha inteligência?

Concluindo

Ao remover a educação financeira de nossas escolas, a conspiração fez um excelente trabalho para que o assalto financeiro ocorresse em nossas próprias mentes. Se você quer mudar sua vida, mude suas palavras. Adote o vocabulário dos ricos. Sua vantagem injusta é sua educação financeira.

E por isso, hoje... *conhecimento é a nova moeda.* Obrigado por ler este livro.

Posfácio

1º de julho de 2009

Uma última observação

Quando concebi este livro, eu não sabia verdadeiramente o que esperar. O processo de escrever interativamente, via internet, foi completamente novo para mim, mas, ao mesmo tempo, me entusiasmou bastante. A crise econômica estava acontecendo em tempo real, desse modo, quis que meu livro também acontecesse em tempo real.

Sabia que se escrevesse e publicasse *Pai Rico: O segredo dos ricos* da forma tradicional, até que fosse editado, poderíamos estar afundados demais em uma crise – ou já tê-la superado – e não daria tempo de ajudar as pessoas. Em geral, é necessário um ano ou mais para transformar um livro em realidade, da ideia ao papel. Como a economia piorava mês a mês, e comecei a receber feedback dos leitores on-line, soube que havia tomado a decisão correta de publicar o livro pela internet e de maneira interativa.

Todas as vezes em que me sentava para escrever um capítulo, algo significativo estava acontecendo no mundo. De certo modo, me vi de volta aos velhos tempos do Vietnã, pilotando meu helicóptero sobre os campos de batalha, balas zunindo, explosões à minha volta enquanto eu buscava focar minha missão. Assim como tive visão clara no Vietnã, isso também aconteceu ao escrever o livro.

Minha experiência ao longo dos anos me ensinou que as pessoas estão famintas por educação financeira relevante, que seja explicada com clareza e que seja de fácil entendimento. Também sabia que havia muitas pessoas assustadas, frustradas e decepcionadas com os políticos e com a economia. Este livro foi projetado para atender a essas duas realidades: entregar educação financeira direta e simples, que fosse relevante para nossa economia atual e além, e permitir sua participação, leitor, para que você pudesse expressar seus pensamentos, medos e triunfos.

Foi uma surpresa para mim. A qualidade dos feedbacks que recebi dos leitores foi inacreditável. Eu esperava insights, comentários e questões bem elaboradas e inteligentes – mas o resultado foi excepcional e contribuiu imensamente para a formatação do livro. Não apenas isso, mas a diversidade de experiências e perspectivas foi incrivelmente vasta, já que leitores de todos os lugares do globo se engajaram e contribuíram para as discussões.

Pai Rico: O segredo dos ricos é um sucesso maior do que eu imaginava. Aqui estão alguns destaques da incrível acolhida da edição americana:

- Mais de 35 milhões de acessos de 167 países.
- Mais de 1,2 milhão de visitas ao site.
- 90 mil leitores registrados.
- Mais de 10 mil comentários, questões e insights.
- 2 mil blogs em todo o mundo ajudando a expor os segredos.

E a razão para esse sucesso é você.

Assim, permita-me agradecer a você por fazer parte dessa comunidade e tornar este projeto um enorme sucesso. Seus pensamentos, comentários e questões ajudaram a influenciar o conteúdo desta obra enquanto ela estava sendo elaborada. Na verdade, muitos de seus comentários são hoje parte dela.

Juntos fizemos história na publicação de livros.

Juntos expusemos o segredo dos ricos.

Obrigado!

Robert T. Kiyosaki

Bônus especial

O segredo dos ricos Perguntas & Respostas

As nove perguntas a seguir foram selecionadas entre dezenas feitas nos fóruns de discussão do site da edição americana deste livro. Quisera poder ter selecionado todas as suas incríveis perguntas, mas isso teria sido um livro em si. Acredito que estas perguntas representem a grande parte dos questionamentos dos leitores. Obrigado a todos pelos insights, comentários e questões. Lembrem-se: *Conhecimento é a nova moeda.*

P: *Você tem algum comentário sobre qual seria o resultado se, de alguma forma, viermos a ver uma "supermoeda internacional", como a que a Rússia vive falando?*

Isbarrat

R: Não tenho nenhum comentário sobre supermoeda internacional. Seja com dólar, seja com qualquer outra forma de moeda corrente de reserva, o problema permanece o mesmo. Essas moedas sempre serão *fiat money,* que podem ser emitidas do nada. Elas não possuem valor. São apenas fraudes manipuladas pelos governos e desenhadas para roubar dinheiro de seu bolso por meio da inflação. Em minha opinião, ouro e prata ainda são os melhores ativos para se possuir.

P: *Minha questão é como o fenômeno ouro e/ou prata entra no plano de fluxo de caixa em vez de ganhos de capital? Este livro me mostrou que estou saindo da trilha do fluxo de caixa e que preciso reordenar minhas direções. Estou com problemas para expandir meus contextos e enxergar como o ouro e a prata não são apenas redes de proteção de riqueza. Eles podem ser usados para gerar fluxo de caixa também?*

Foresight2Freedom

R: No meu caso, quando tenho excesso de fluxo de caixa, prefiro comprar ouro e prata a manter esse excesso em *cash* ou em uma poupança no banco. A razão para isso é que ouro e prata podem ser usados como proteção contra políticas monetárias incertas, como o banco central imprimindo moeda e lançando-as na economia. Em vez de manter meu excesso em dinheiro e vê-lo diminuir com a inflação, compro ouro e prata e vejo seu preço subir com a inflação. Assim, ainda que ouro e prata não gerem fluxo de caixa em si, eles me protegem contra perdas inflacionárias. Repito: como com qualquer outro ativo, você pode perder dinheiro com ouro e prata se seu QI financeiro é baixo. Não é o ouro e a prata que fazem de você rico, mas o que você sabe sobre o ouro e a prata.

P: *Você acredita que diante de um cenário de hiperinflação as propriedades de aluguel serão benéficas em uma carteira de investimentos?*

colbycl

R: Há outros fatores além de apenas a hiperinflação a serem considerados. Como em qualquer transação, você terá que fazer a lição de casa e se certificar de que os números são bons. Por exemplo, há fluxo de caixa suficiente vindo do aluguel para cobrir suas despesas e pagar suas dívidas? Há empregos fluindo para a área em que você está pensando em adquirir o imóvel? O mercado imobiliário é bom desde que essas e outras questões como essas são respondidas positivamente. Lembre-se: sempre há transações imobiliárias boas e ruins, não importando o estado da economia. Isso sempre acaba se voltando para a questão do fluxo de caixa.

P: *Eu gostaria de perguntar sobre a conspiração da área da saúde e o que você pode dizer sobre isso.*

ovortron

R: Não sou médico, e minha especialidade não é a indústria médica ou farmacêutica, mas suspeito de que a indústria de seguros-saúde, os laboratórios e seus parceiros têm grande poder sobre o sistema de saúde e os cuidados que recebemos nessa área. Pessoalmente, utilizo técnicas de medicina alternativa, como acupuntura, naturopatia e tratamentos quiropráticos, como complemento aos tratamentos tradicionais. Também tento minimizar a ingestão de remédios. Como com qualquer outra coisa, quanto mais você sabe, mais equipado estará para tomar decisões sobre sua saúde e seu dinheiro. Encorajo-o a começar um curso sobre o assunto.

P: *Minha pergunta é como começar. Você afirmou que fez ganhos de capital consideráveis antes que seu Pai Rico o lembrasse de investir por fluxo de caixa. A maioria das pessoas que conheço, que fez boas somas de dinheiro para investir, o fez por meio de ganhos de capital. Ainda que a ideia de fluxo de caixa seja para o longo prazo, quais são suas sugestões sobre como uma pessoa pode começar alguns investimentos inteligentes com pouco ou nenhum capital no curto prazo?*

Miguel41a

R: Minha resposta a perguntas como essas é sempre a mesma. Eduque-se financeiramente. Como afirmei ao longo deste livro, conhecimento é a nova moeda. A melhor maneira de aprender é pela prática ou simulação. Você cometerá erros, mas a chave é aprender com eles. Diria que é mais importante saber como encontrar, analisar e oferecer uma transação do que ter dinheiro – o dinheiro não enriquece você; o conhecimento, sim. Sempre há dinheiro disponível com investidores ou bancos quando há uma boa ideia.

P: *Tenho uma filha de 14 anos. Ela é brilhante em seus estudos. O que posso recomendar que ela faça quando se tornar adulta para não ser vítima da conspiração? Ela já leu seus livros para adolescentes.*

Madelugi

R: Os melhores professores de uma criança são seus pais. Assim, a questão não é o que a criança está fazendo, mas o que estão ensinando a ela. Ainda que dê a seus filhos bons conhecimentos, eles precisam ver você colocar isso em prática. Você tem imensa influência na educação financeira de seus filhos apenas por seu exemplo.

P: *Qual é a sua opinião sobre apólices de seguro de vida? Tenho dois planejadores financeiros que insistem que devo adquirir uma.*

rzele

R: Não gosto de investir em seguro de vida. Pessoalmente, acho que é uma exploração. A inflação faz sua apólice valer menos a cada ano. Os especialistas financeiros gostam de nos empurrar esse tipo de coisa porque eles ganham dinheiro com isso, e não porque seja necessariamente bom para nós.

P: *Como um novo empreendedor que já leu quase todos os seus livros e tem visto pela primeira vez o caminho escorregadio que nossas crianças estão seguindo, pergunto: Há esperança para o nosso sistema educacional?*

jack47

R: Infelizmente não tenho esperanças – pelo menos não no curto prazo. Cada setor se move a passos diferentes. A tecnologia, por exemplo, muda rapidamente, a cada dez anos ou menos. Os setores de construção e da educação são muito mais lentos e a mudança significativa leva mais de cinquenta anos para se tornar efetiva e institucionalizada. Advogo que você cuide de sua própria educação financeira e da educação financeira de suas crianças.

P: *A crise acabou comigo, assim, estou apenas tentando recuperar o que perdi. Qual conselho simples e direto você daria a alguém que está tentando se levantar e quer fazer as coisas acontecerem?*

msrpsilver

R: Como já disse, conhecimento é o novo dinheiro. Continue a se educar financeiramente sobre o funcionamento do dinheiro e dos investimentos. Aumente seu QI financeiro. Estude também o Quadrante CASHFLOW e entenda o que o empobrece: impostos, dívidas, inflação e contas de aposentadoria. Treine-se a pensar pelo lado dos quadrantes D e I e aprenda a minimizar as perdas com impostos, dívidas, inflação e contas para a aposentadoria. Não há mágica, apenas trabalho árduo e educação.

Conheça também outros livros da série:

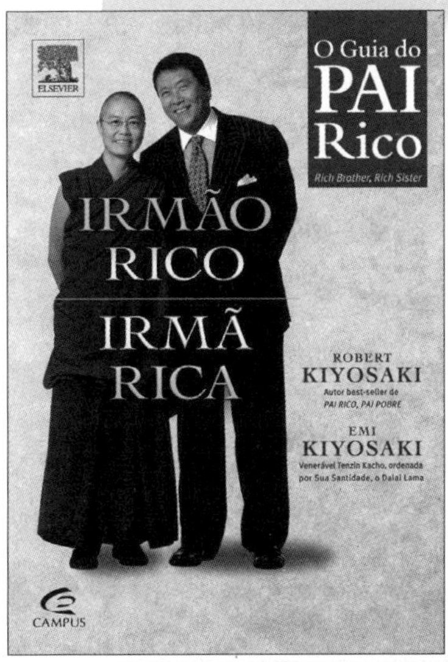

PAI RICO: IRMÃO RICO, IRMÃ RICA

ISBN: 978-85-352-3355-1
PÁGINAS: 264